PETAL PUSHER 3

a Coloring Book of Flowers

by

Patricia Burke

ISBN: 978-1-951576-08-0

Copyright 2020 Patricia Burke

ALL RIGHTS RESERVED

No part of this adult coloring book may be reproduced,

disassembled to create any other images, transmitted or

stored in any form or by any means known,

except for your own personal usage, or for a book review,

without express written permission, in advance

by the author/artist, Patricia Burke

colorad00dle@gmail.com

~Coloring Team~

Brenda Hanson

Cari McBroom Jimenez

Dee Dee Boseman

Kathy Mooney

Lisa Goodwin Haley

Lis Skinner

Teresa Dvorak Guyot

Vicki Ardito

*****

Cover Art Colored By:

digitally colored by patty

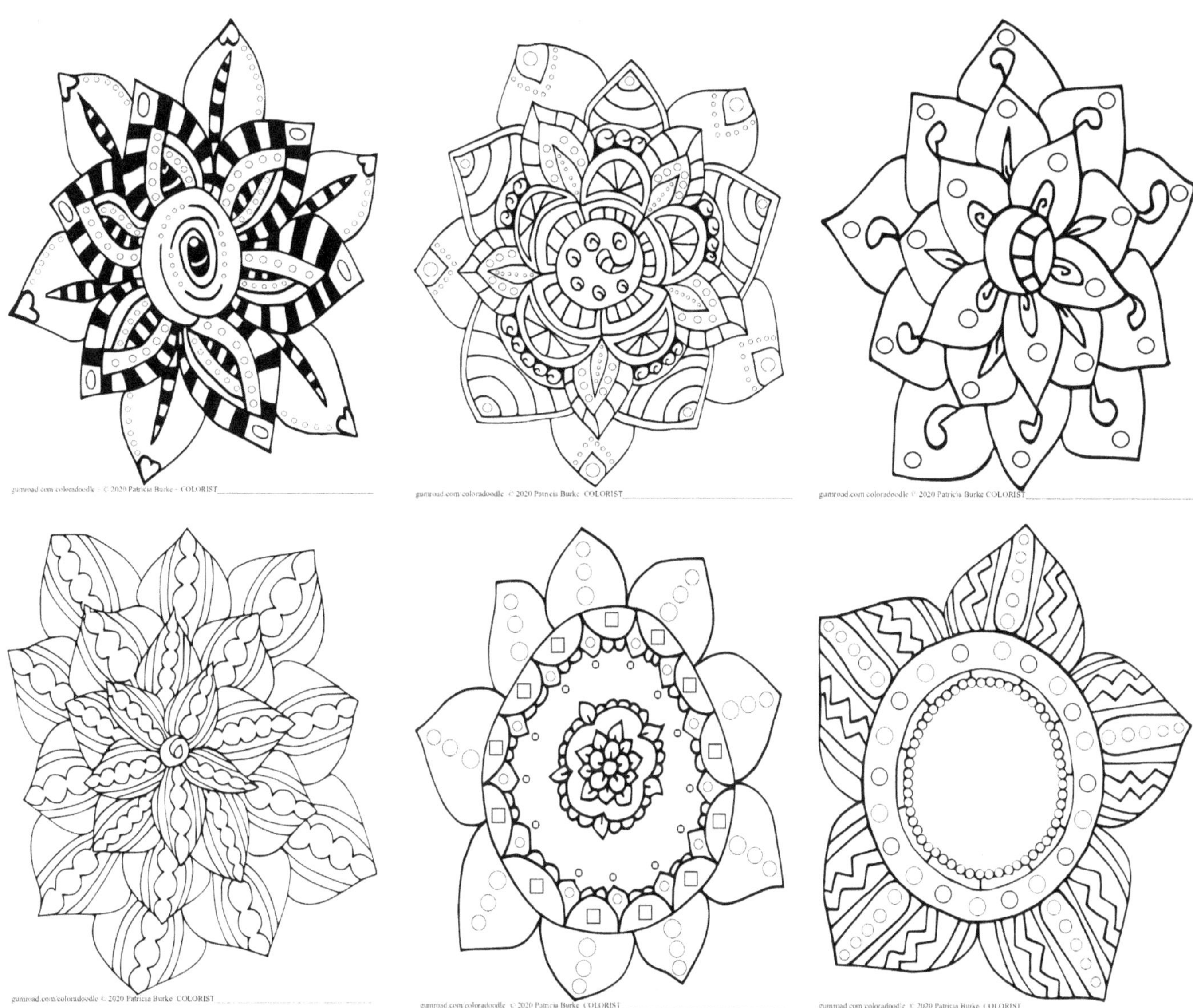
gumroad.com/coloradoodle © 2020 Patricia Burke COLORIST
gumroad.com/coloradoodle © 2020 Patricia Burke COLORIST
gumroad.com/coloradoodle © 2020 Patricia Burke COLORIST
gumroad.com/coloradoodle © 2020 Patricia Burke COLORIST
gumroad.com/coloradoodle © 2020 Patricia Burke COLORIST
gumroad.com/coloradoodle © 2020 Patricia Burke COLORIST

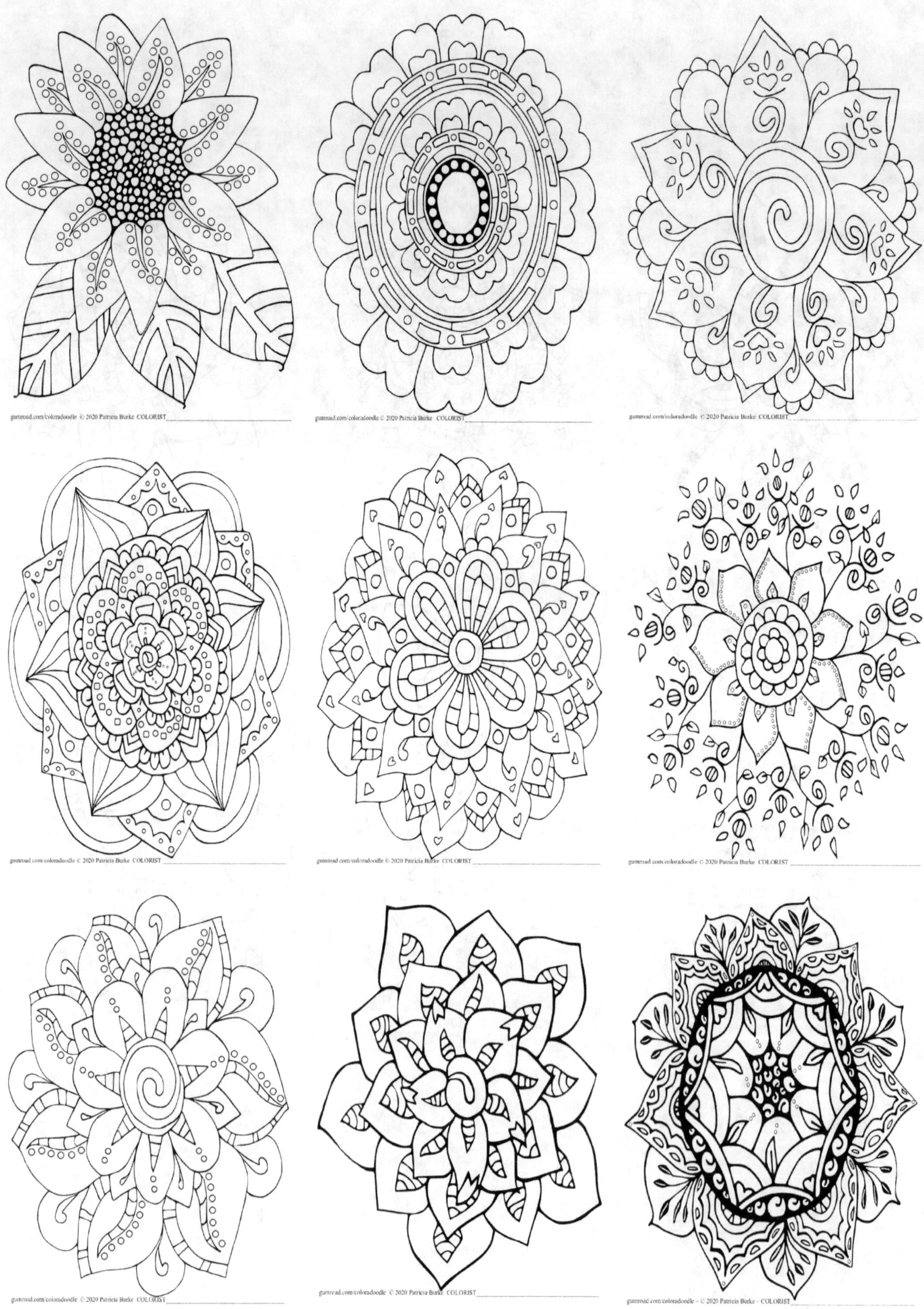
gumroad.com/coloradoodle © 2020 Patricia Burke COLORIST
gumroad.com/coloradoodle © 2020 Patricia Burke COLORIST
gumroad.com/coloradoodle © 2020 Patricia Burke COLORIST
gumroad.com/coloradoodle © 2020 Patricia Burke COLORIST
gumroad.com/coloradoodle © 2020 Patricia Burke COLORIST
gumroad.com/coloradoodle © 2020 Patricia Burke COLORIST
gumroad.com/coloradoodle © 2020 Patricia Burke COLORIST
gumroad.com/coloradoodle © 2020 Patricia Burke COLORIST
gumroad.com/coloradoodle ~ © 2020 Patricia Burke ~ COLORIST

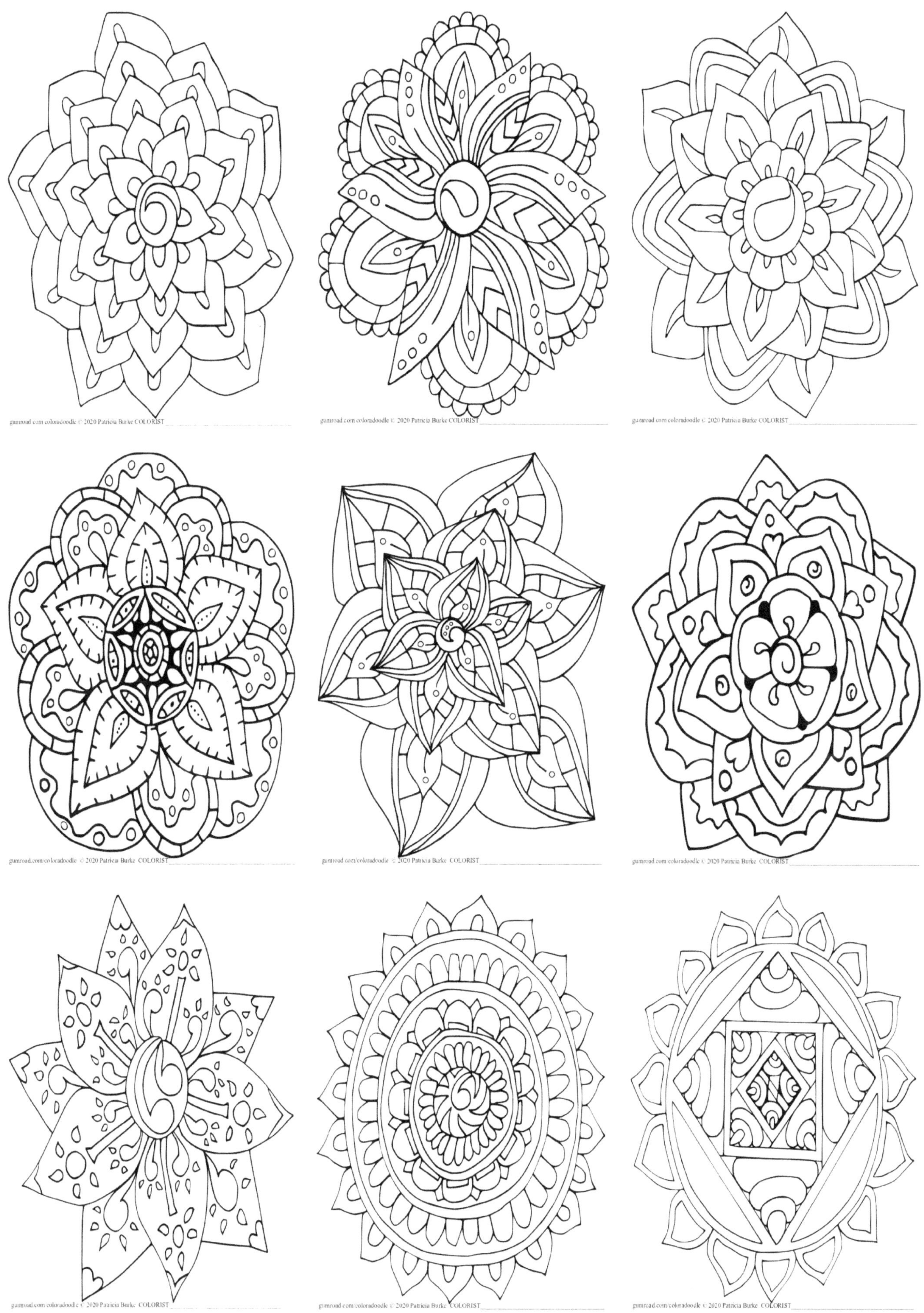
gumroad.com coloradoodle © 2020 Patricia Burke COLORIST
gumroad.com coloradoodle © 2020 Patricia Burke COLORIST
gumroad.com coloradoodle © 2020 Patricia Burke COLORIST
gumroad.com/coloradoodle © 2020 Patricia Burke COLORIST
gumroad.com/coloradoodle © 2020 Patricia Burke COLORIST
gumroad.com/coloradoodle © 2020 Patricia Burke COLORIST
gumroad.com/coloradoodle © 2020 Patricia Burke COLORIST
gumroad.com/coloradoodle © 2020 Patricia Burke COLORIST
gumroad.com/coloradoodle © 2020 Patricia Burke COLORIST

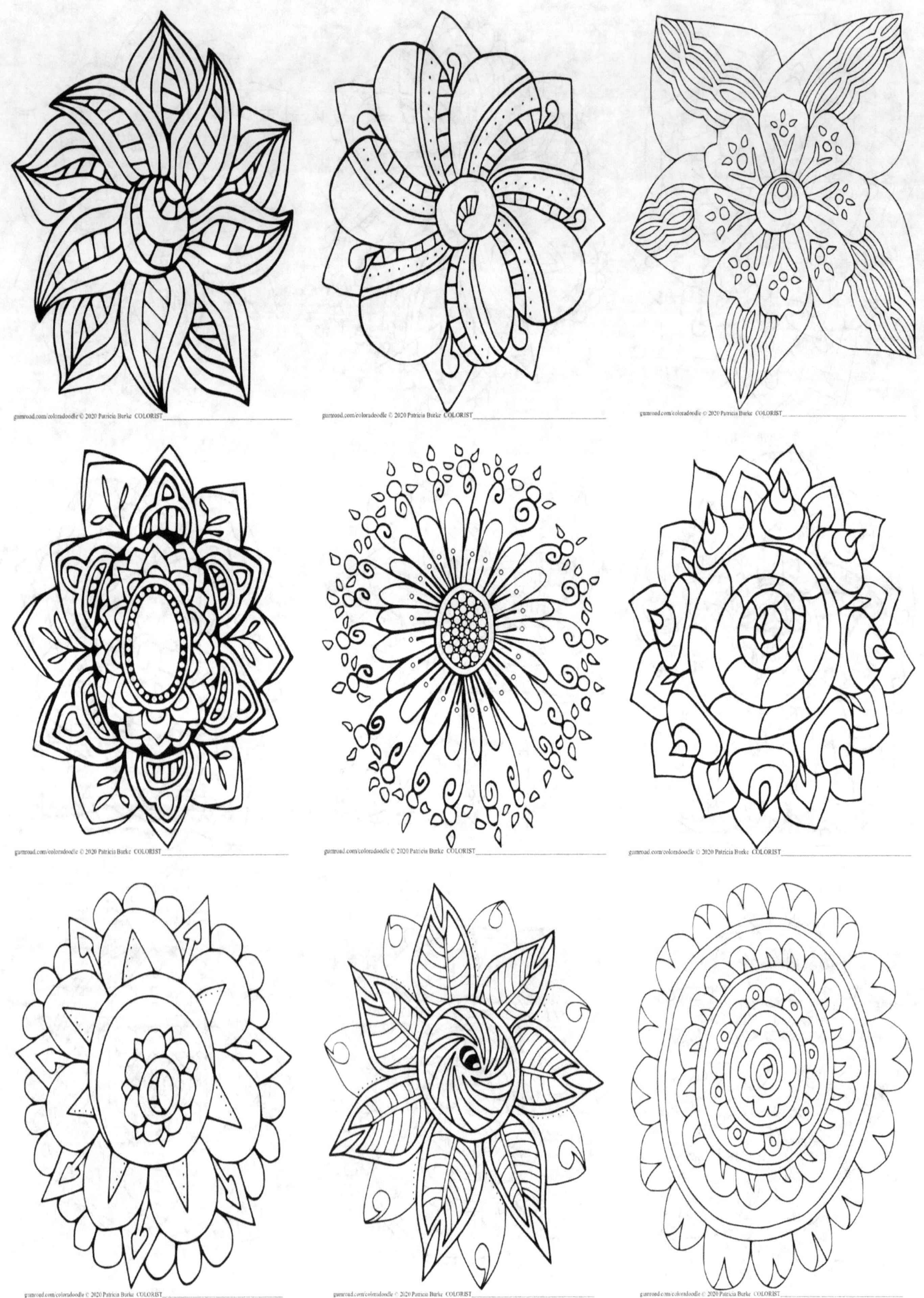
gumroad.com/coloradoodle © 2020 Patricia Burke COLORIST______
gumroad.com/coloradoodle © 2020 Patricia Burke COLORIST______
gumroad.com/coloradoodle © 2020 Patricia Burke COLORIST______
gumroad.com/coloradoodle © 2020 Patricia Burke COLORIST______
gumroad.com/coloradoodle © 2020 Patricia Burke COLORIST______
gumroad.com/coloradoodle © 2020 Patricia Burke COLORIST______
gumroad.com/coloradoodle © 2020 Patricia Burke COLORIST______
gumroad.com/coloradoodle © 2020 Patricia Burke COLORIST______
gumroad.com/coloradoodle © 2020 Patricia Burke COLORIST______

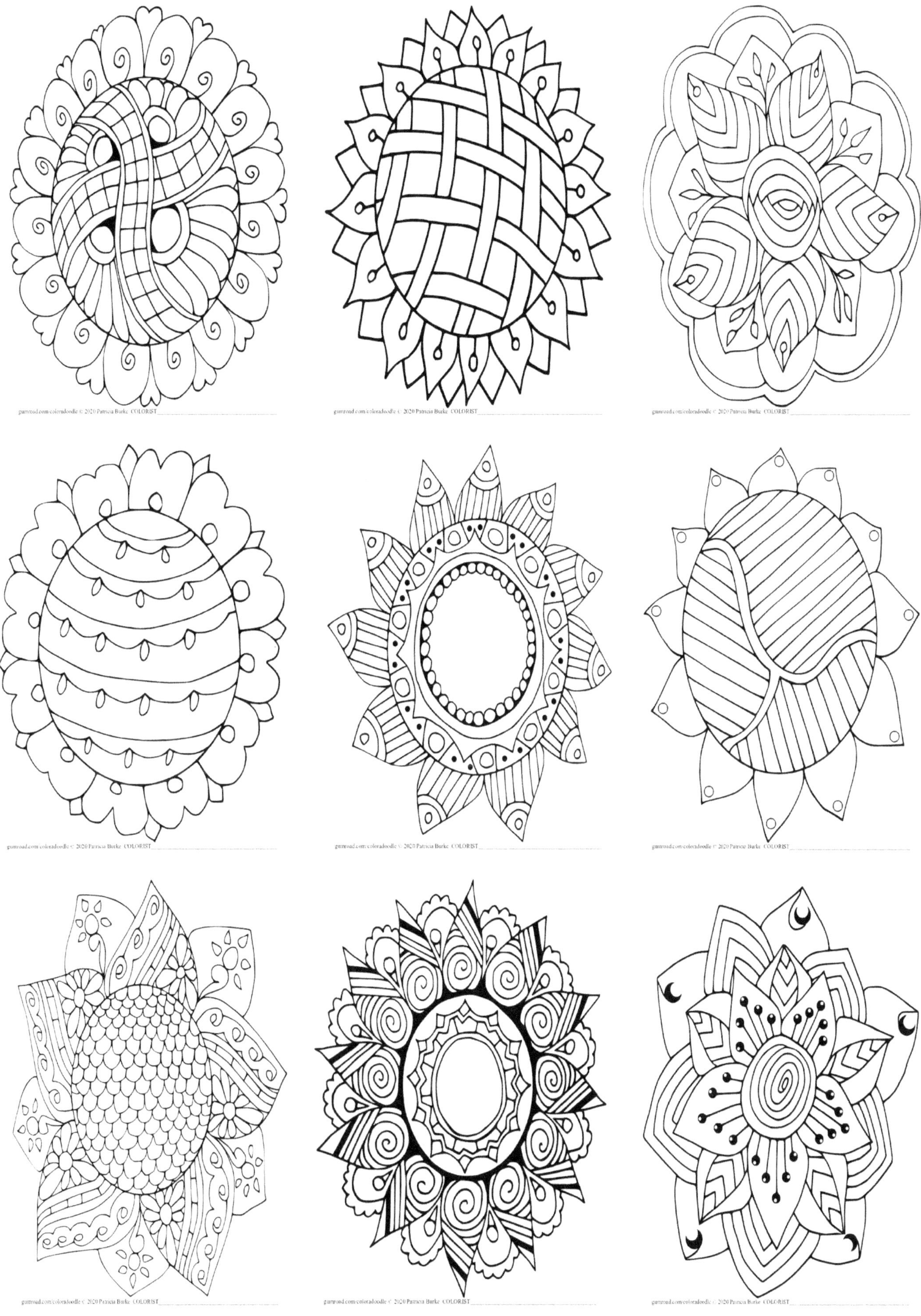
gumroad.com/coloradoodle © 2020 Patricia Burke COLORIST
gumroad.com/coloradoodle © 2020 Patricia Burke COLORIST
gumroad.com/coloradoodle © 2020 Patricia Burke COLORIST
gumroad.com/coloradoodle © 2020 Patricia Burke COLORIST
gumroad.com/coloradoodle © 2020 Patricia Burke COLORIST
gumroad.com/coloradoodle © 2020 Patricia Burke COLORIST
gumroad.com/coloradoodle © 2020 Patricia Burke COLORIST
gumroad.com/coloradoodle © 2020 Patricia Burke COLORIST
gumroad.com/coloradoodle © 2020 Patricia Burke COLORIST

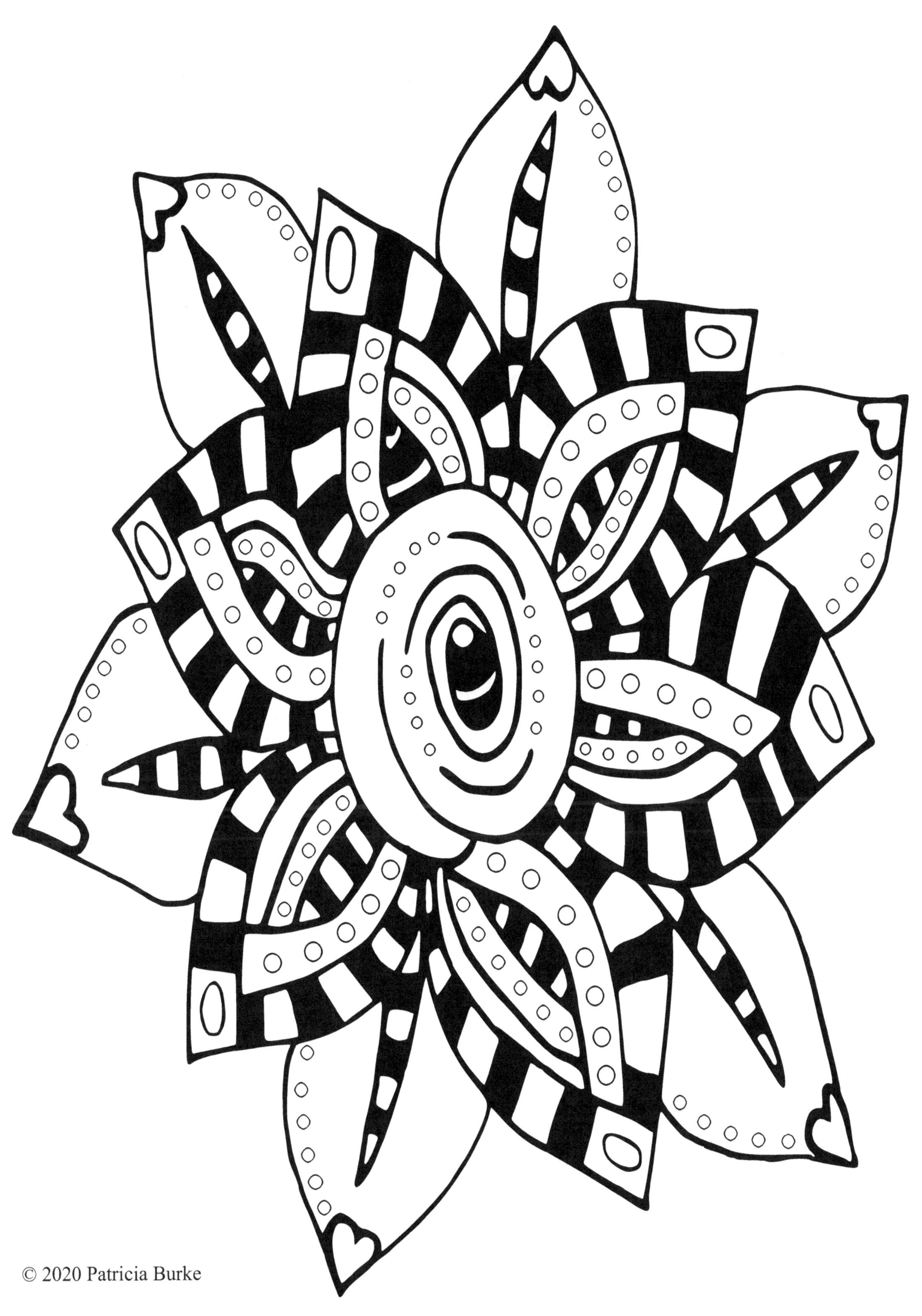

© 2020 Patricia Burke

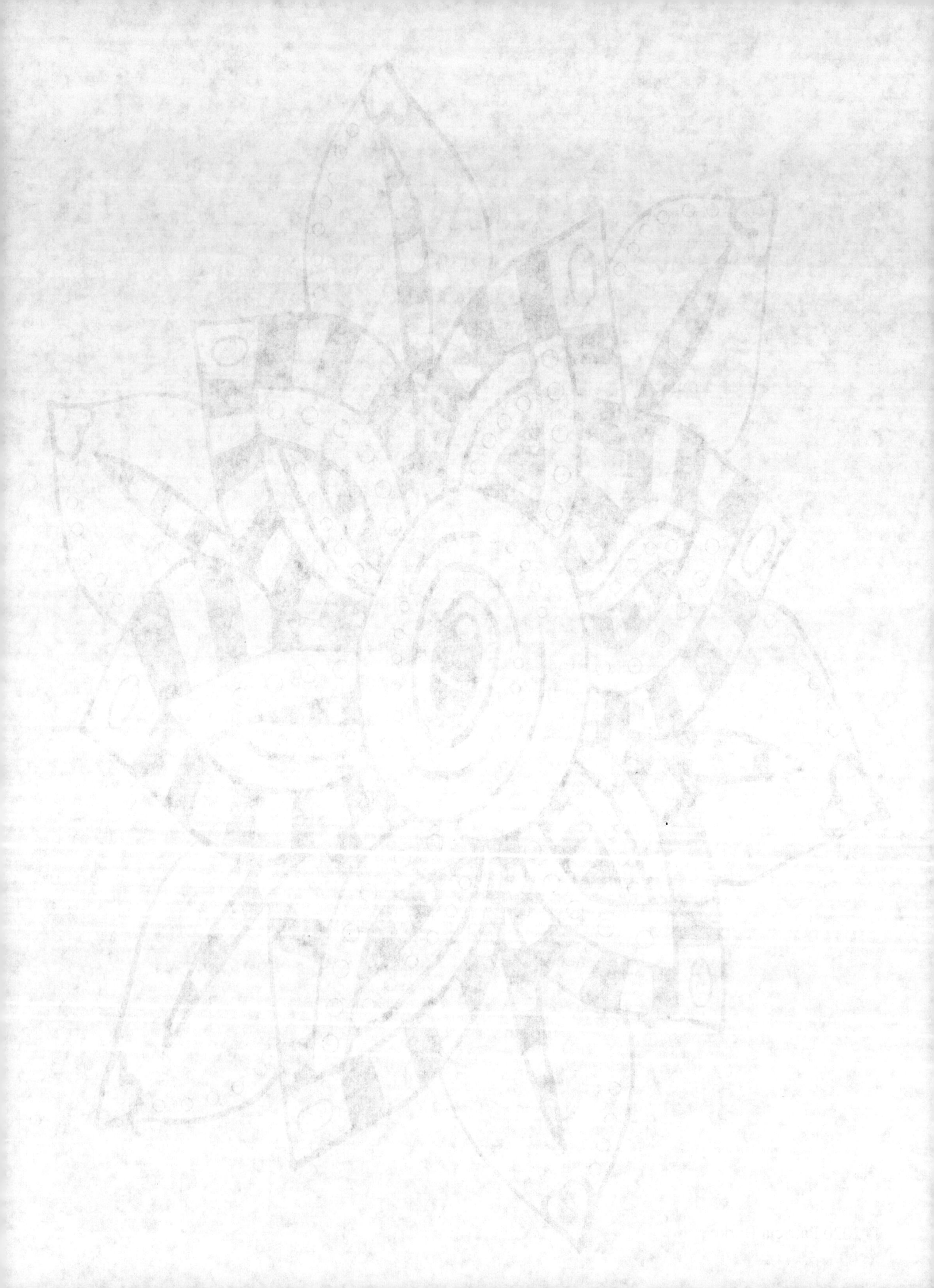

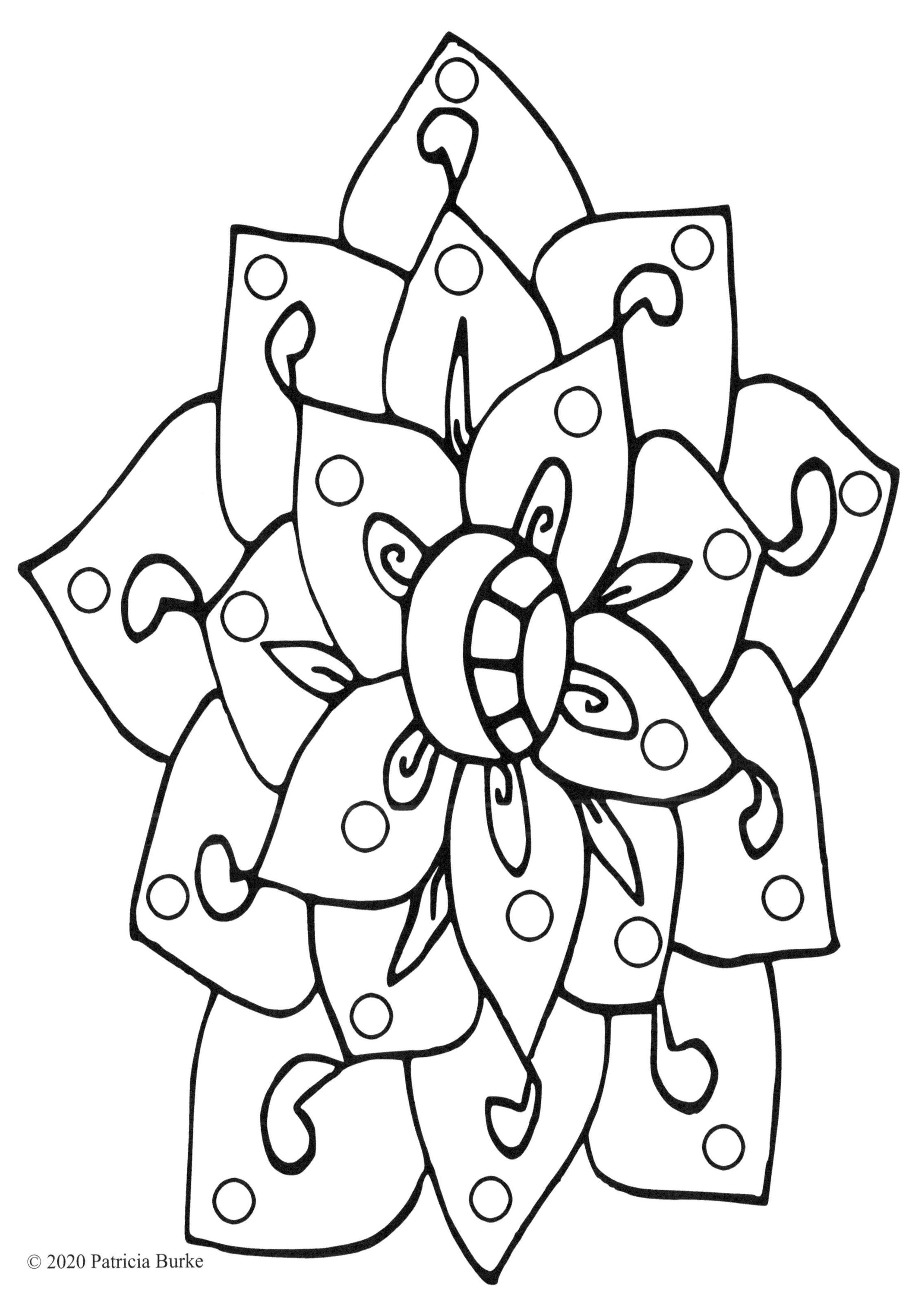

© 2020 Patricia Burke

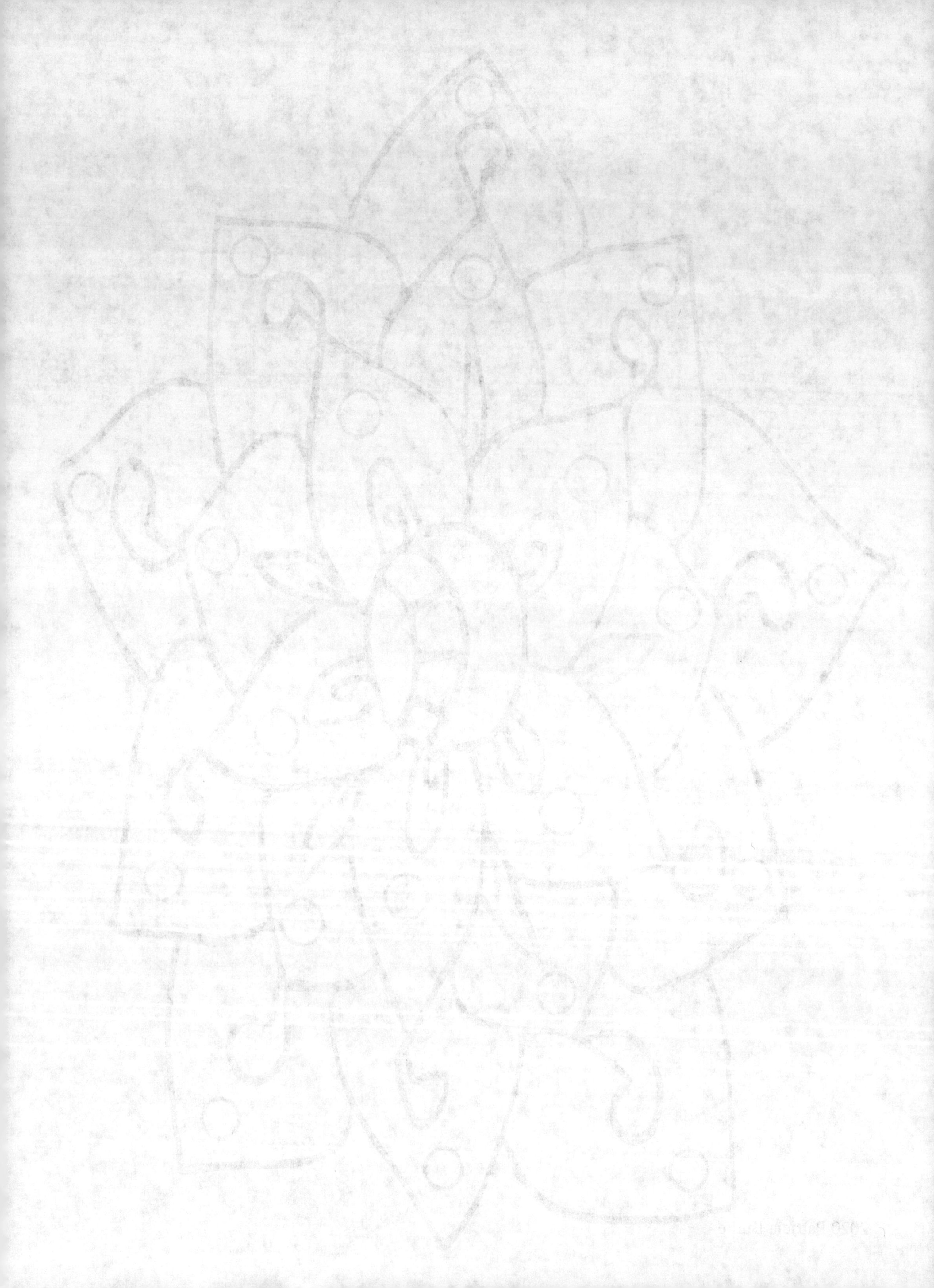

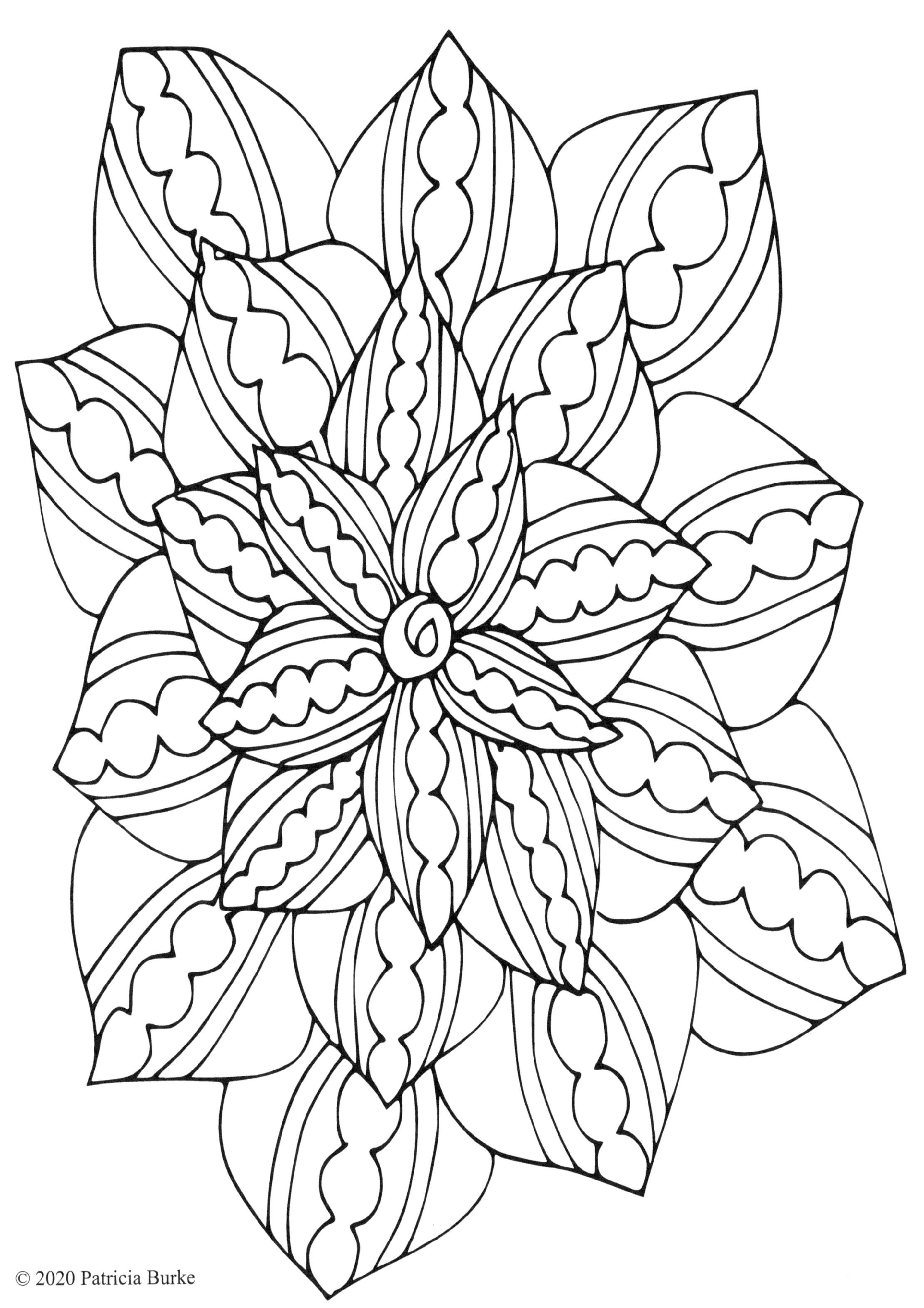

© 2020 Patricia Burke

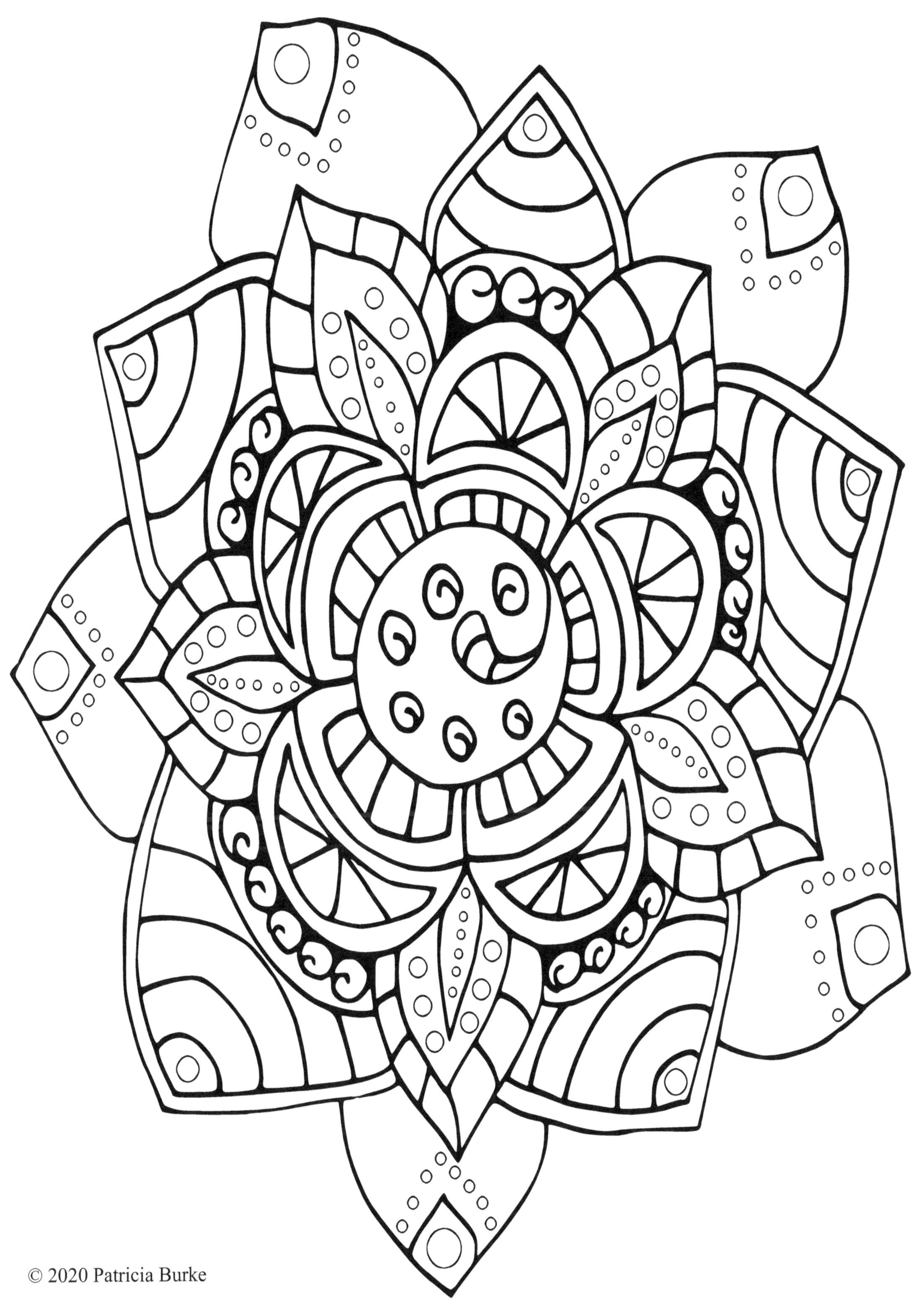

© 2020 Patricia Burke

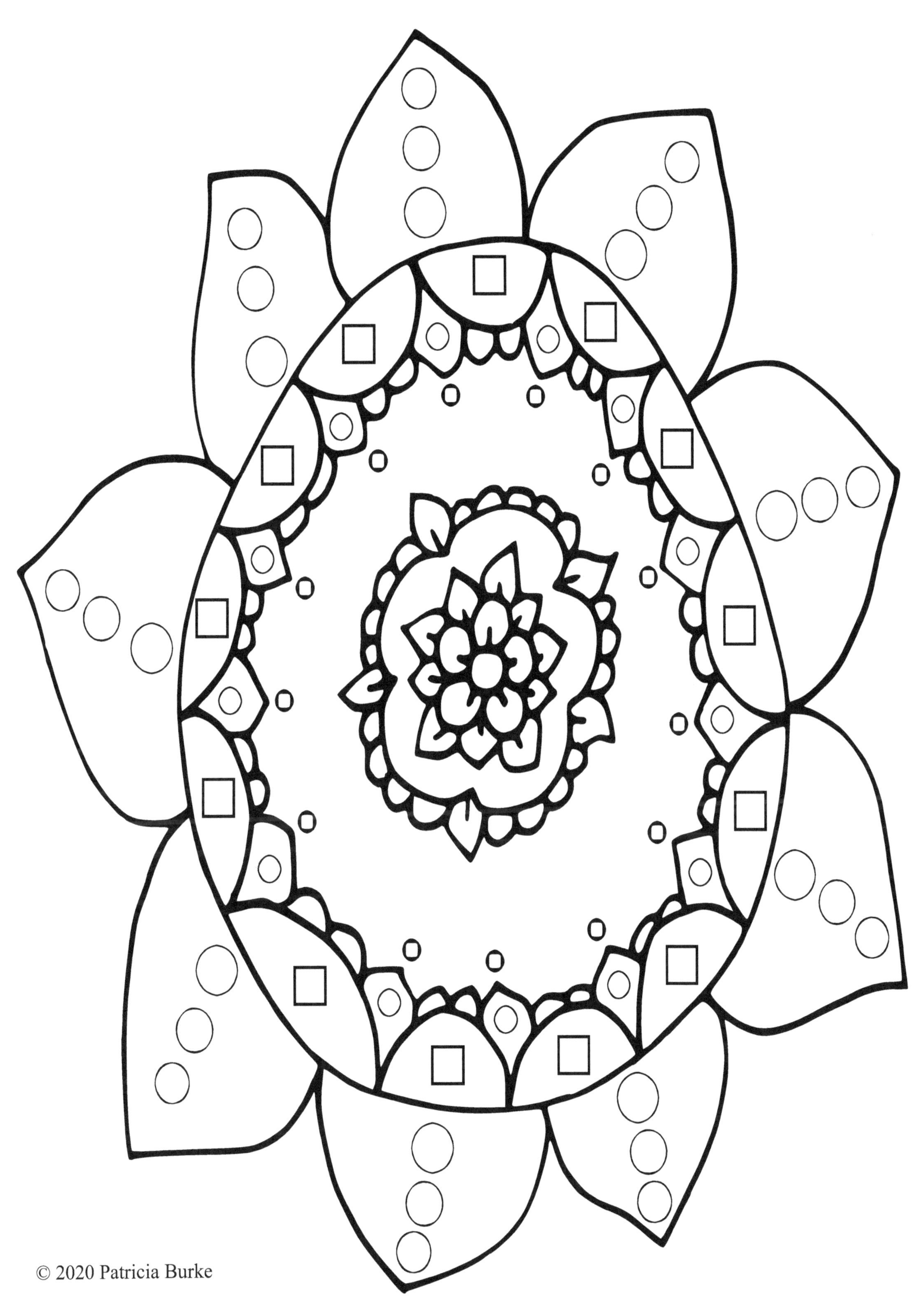

© 2020 Patricia Burke

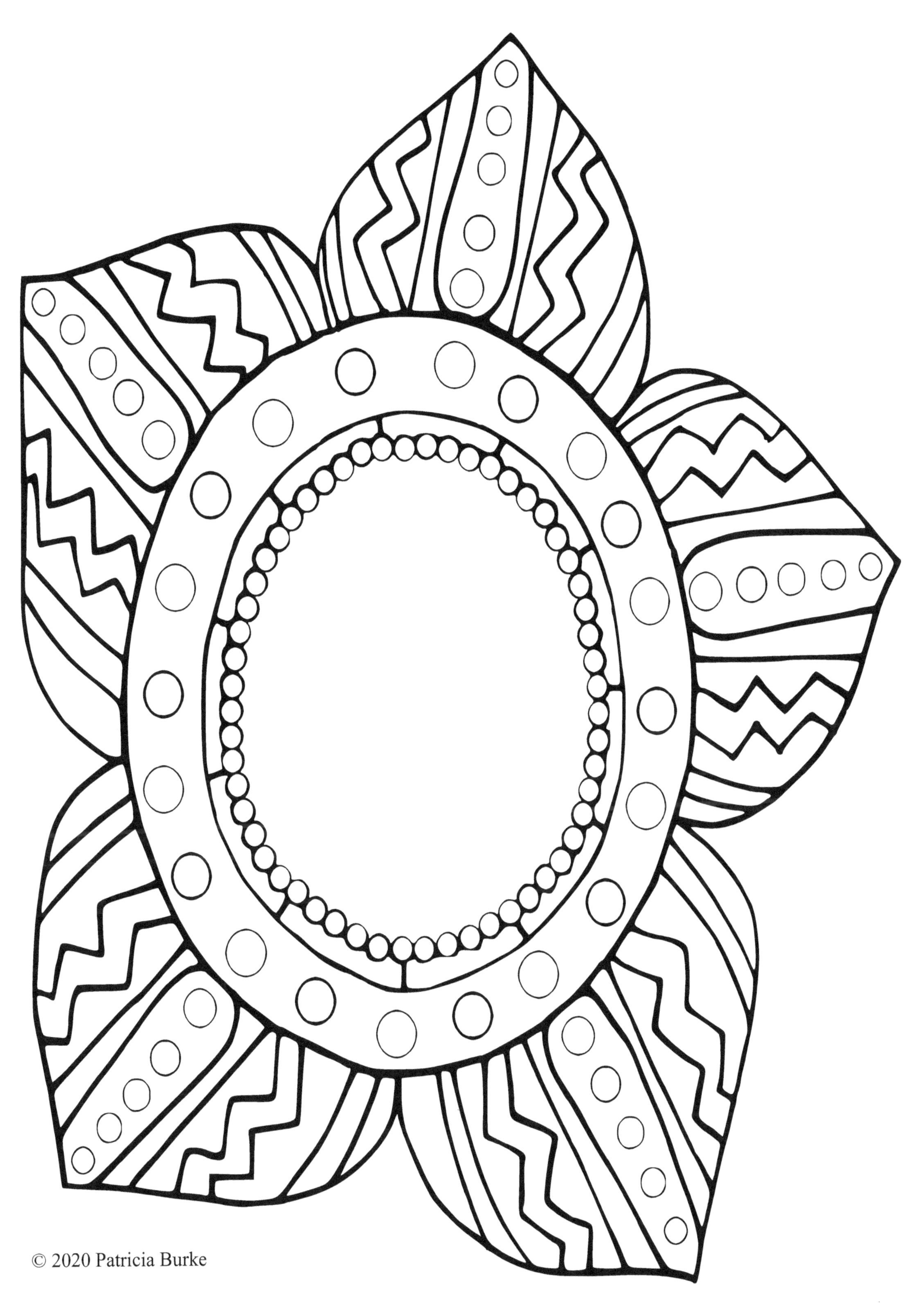

© 2020 Patricia Burke

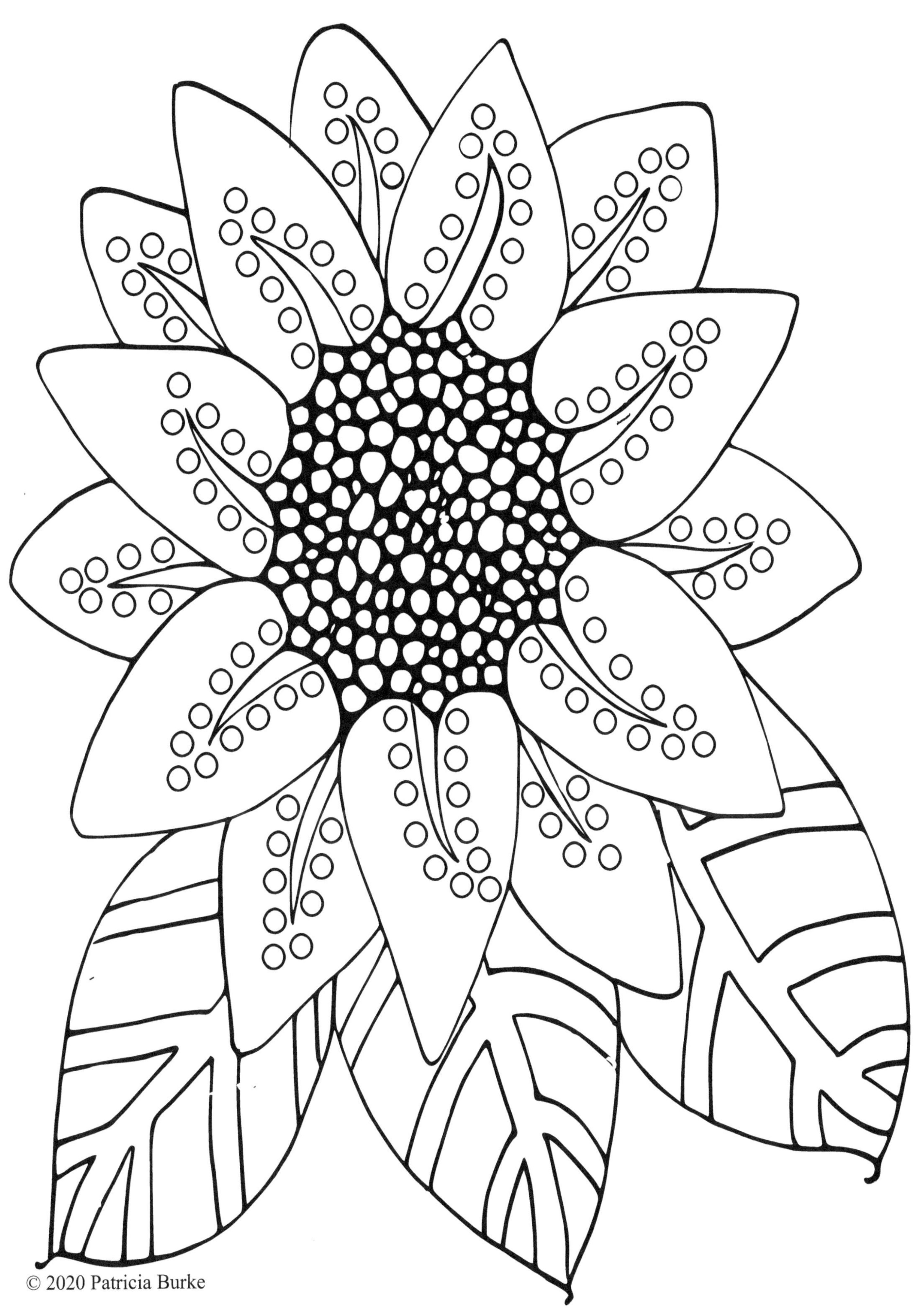

© 2020 Patricia Burke

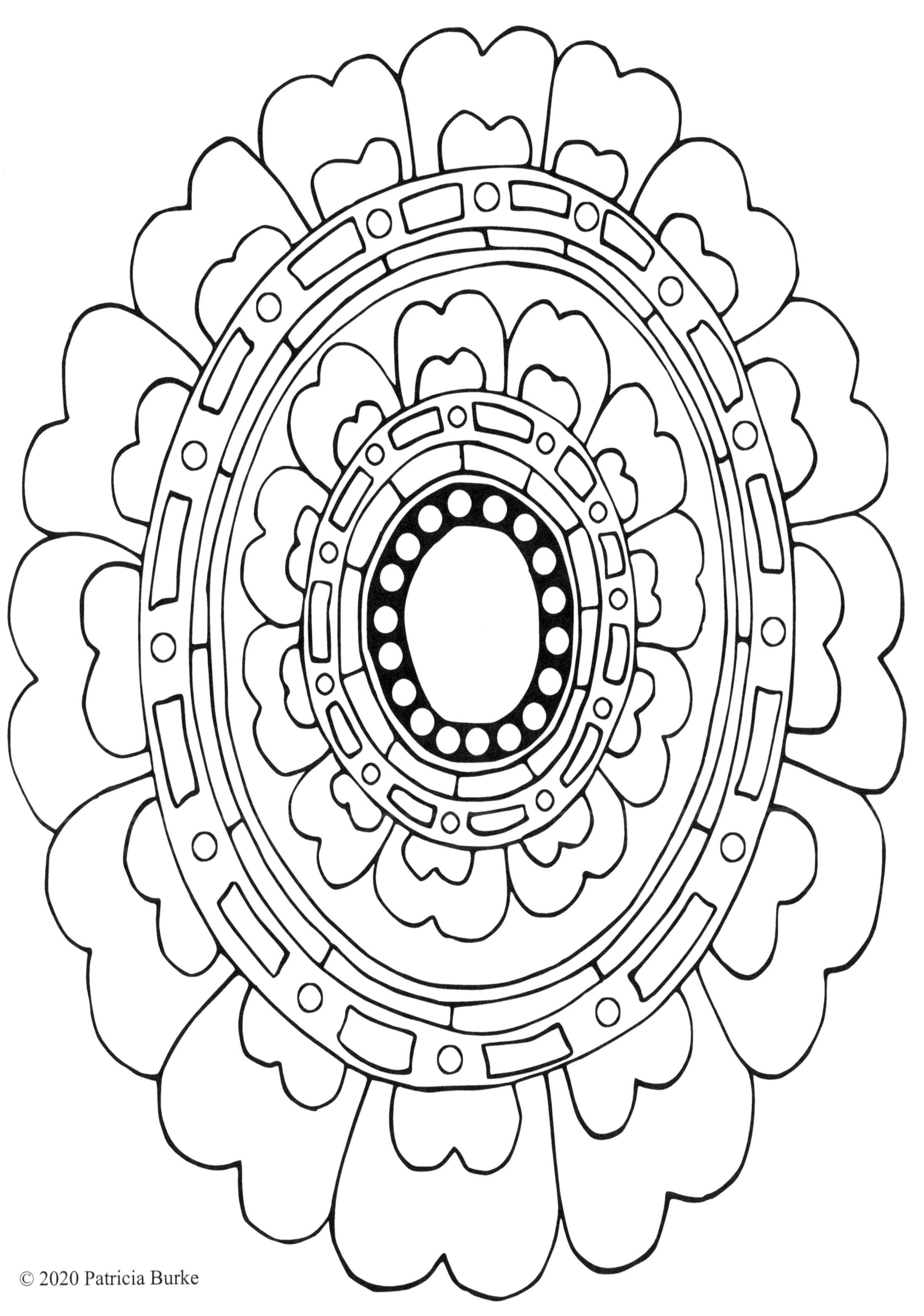

© 2020 Patricia Burke

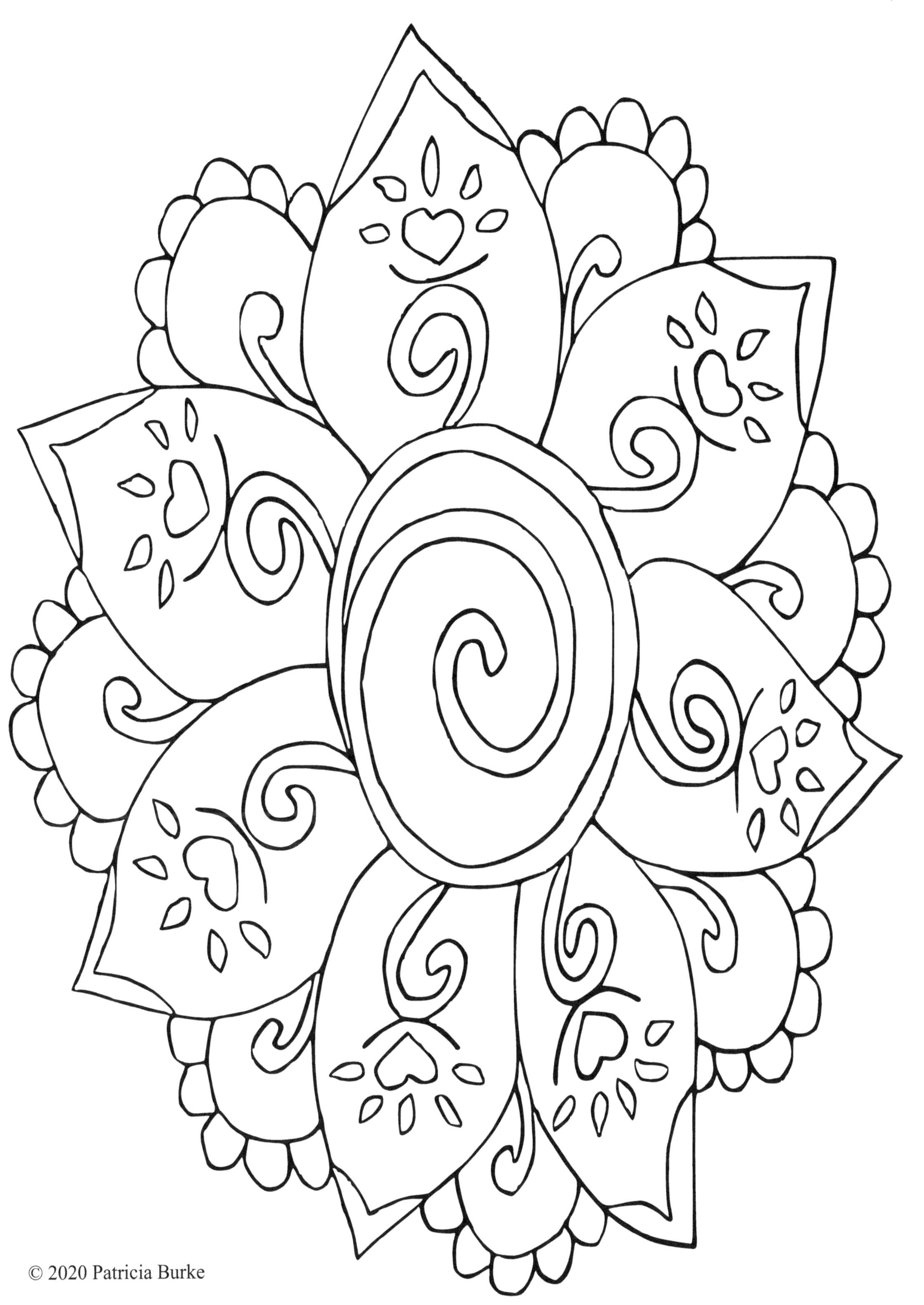

© 2020 Patricia Burke

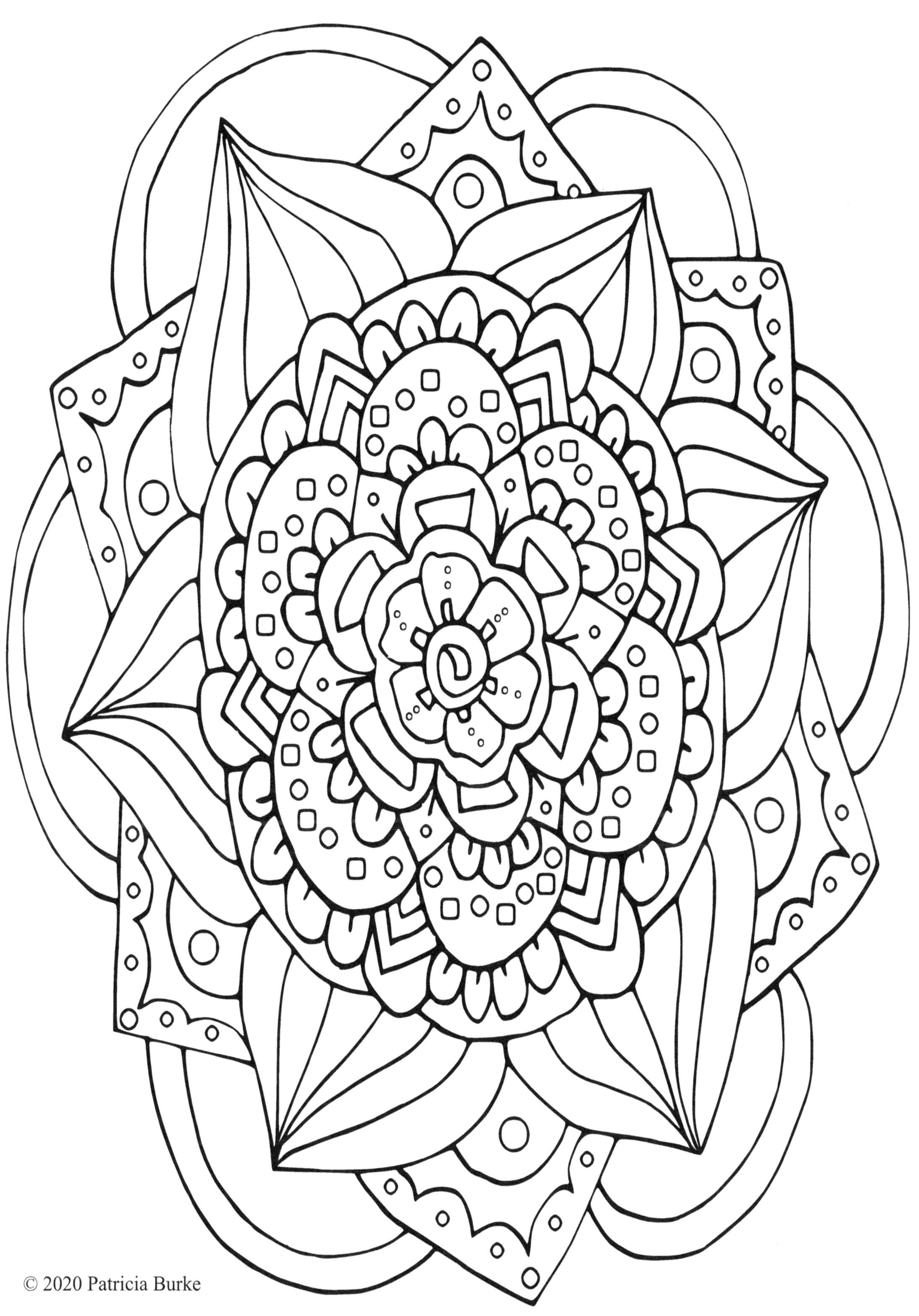

© 2020 Patricia Burke

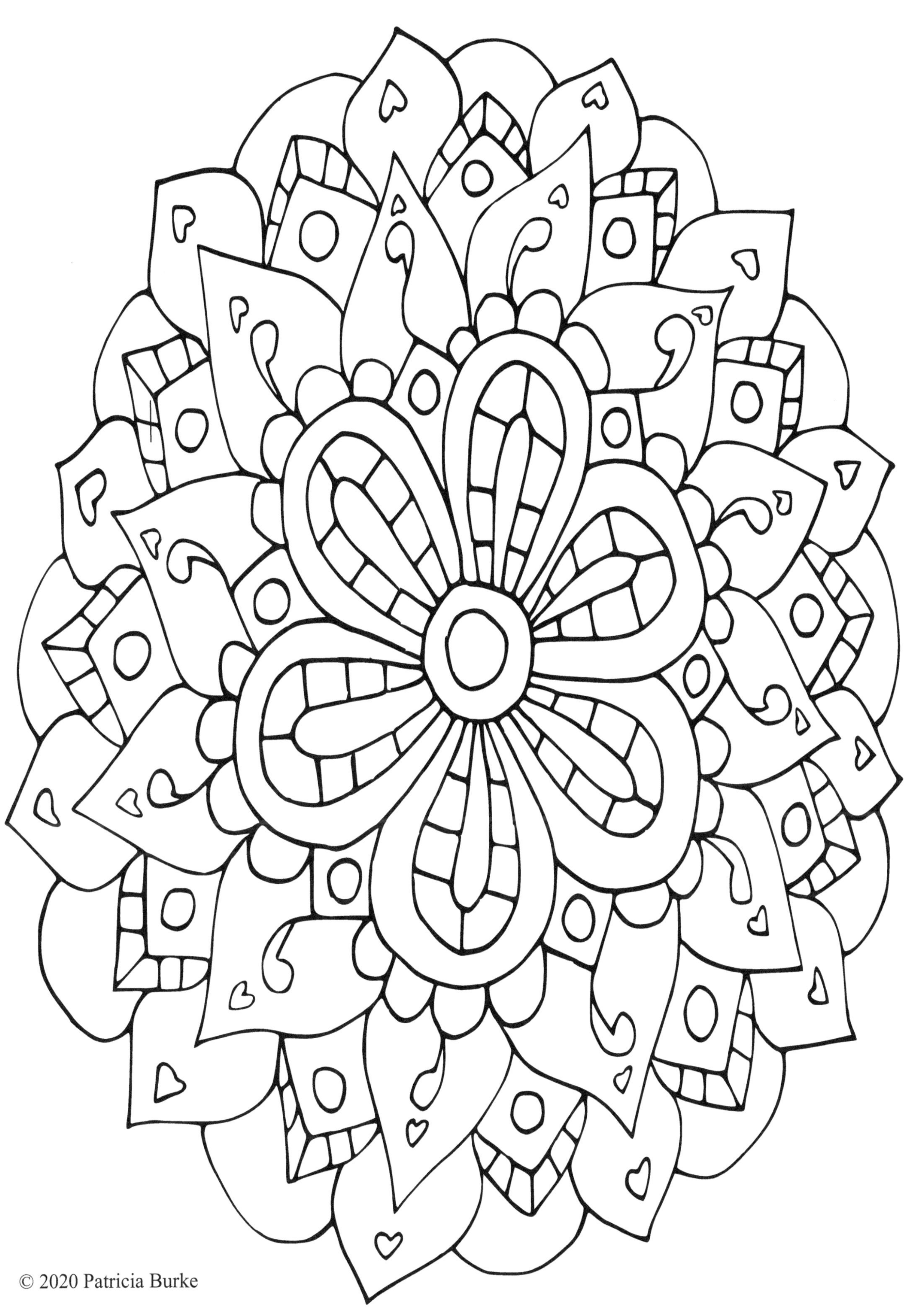

© 2020 Patricia Burke

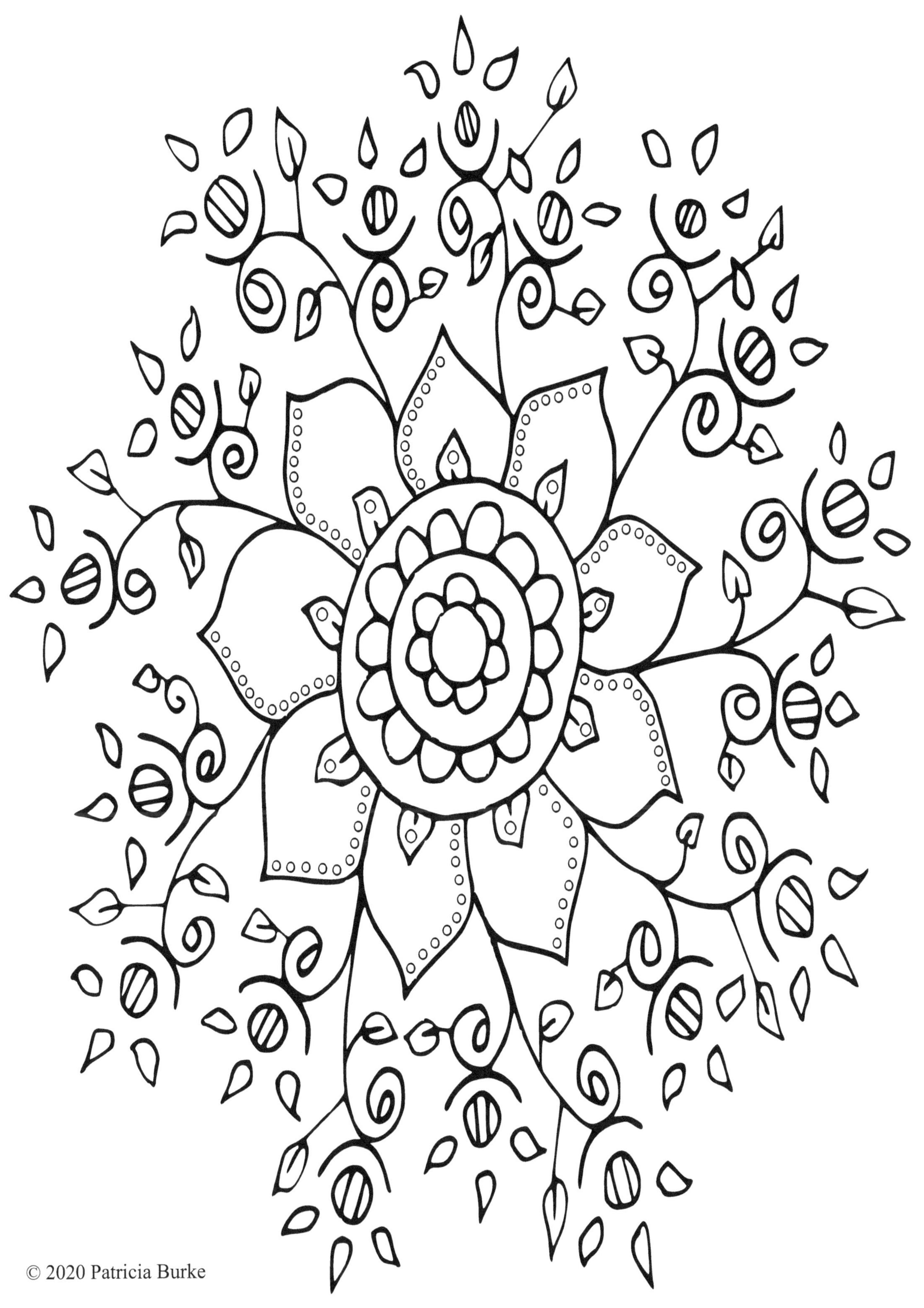

© 2020 Patricia Burke

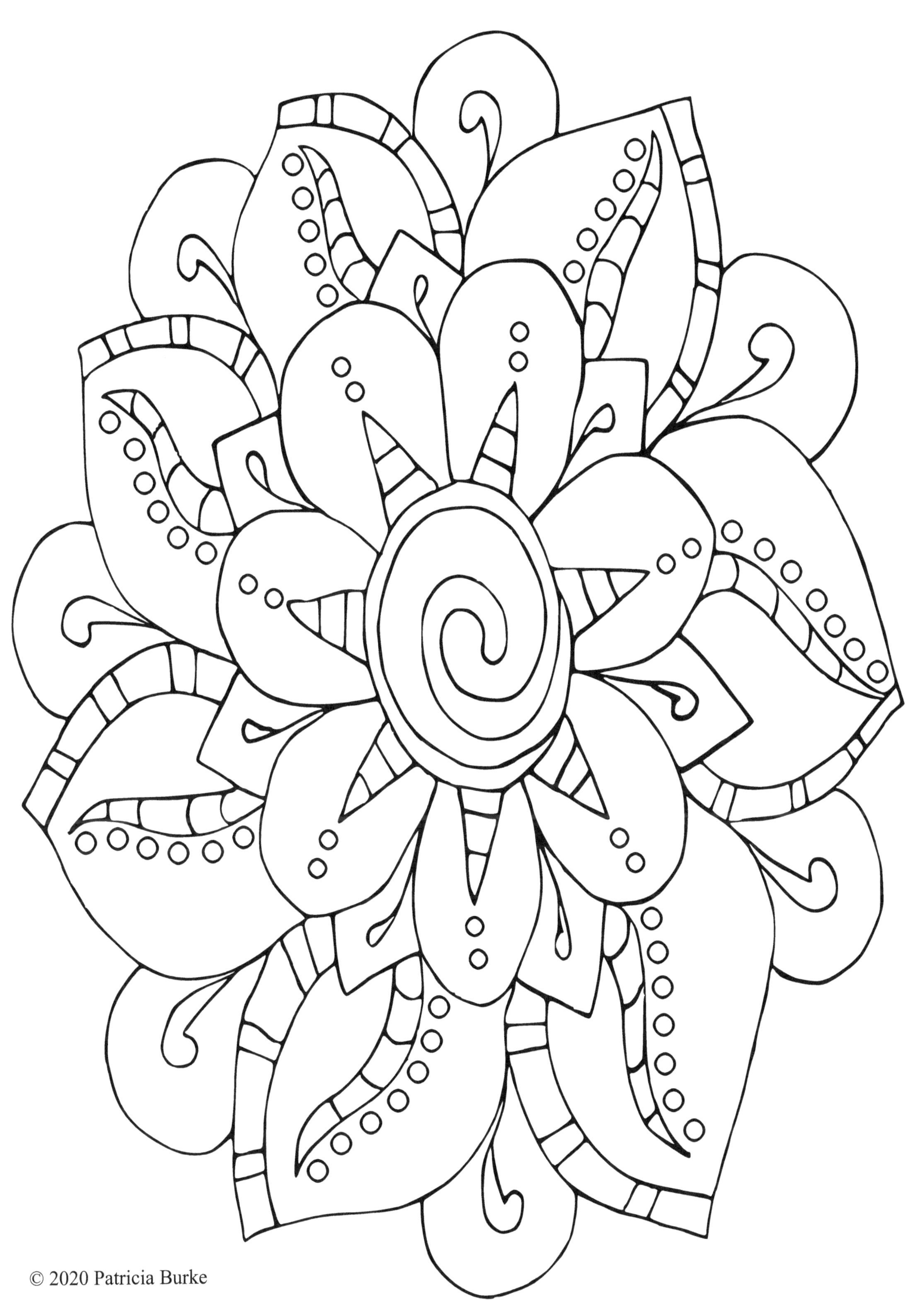

© 2020 Patricia Burke

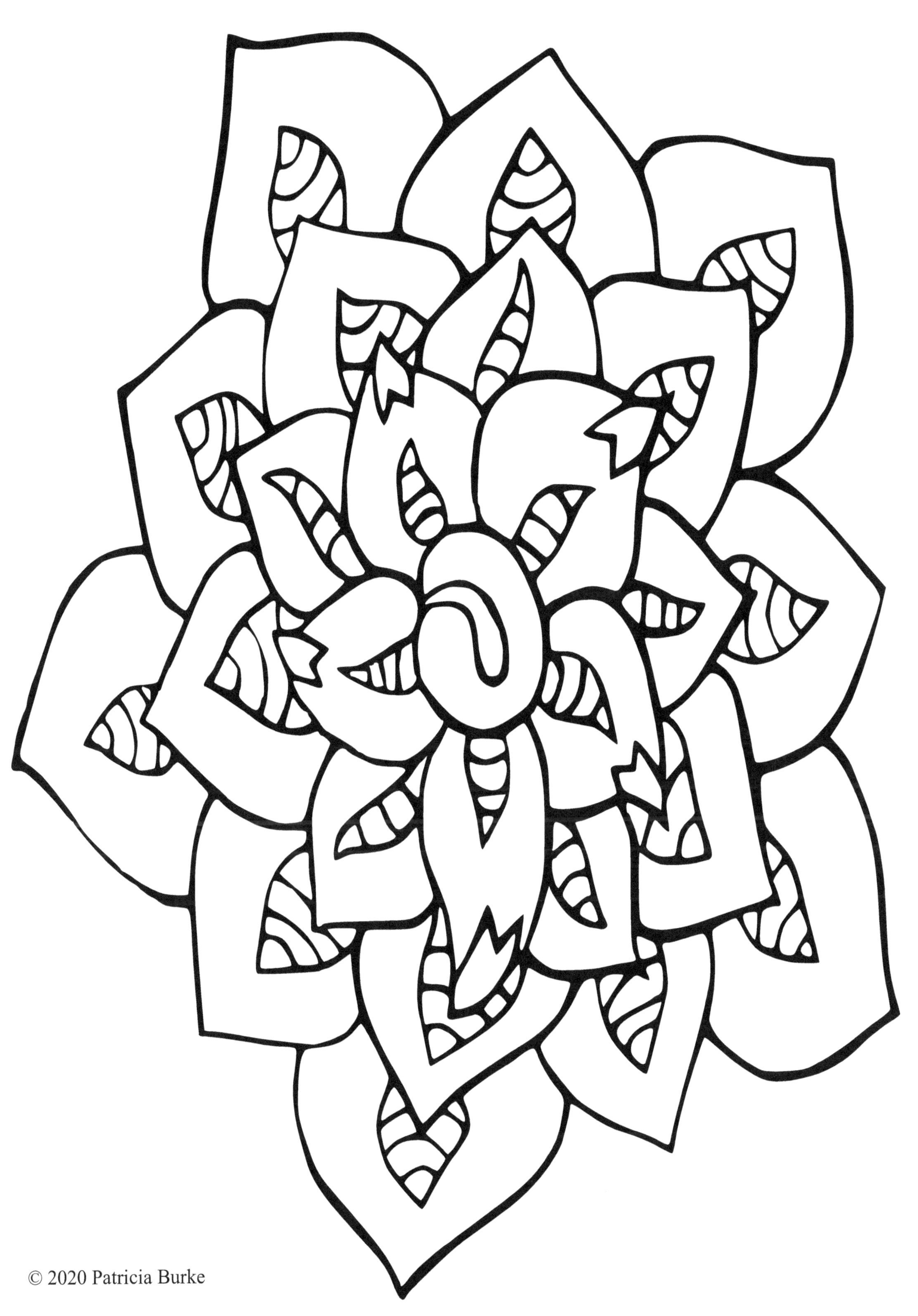

© 2020 Patricia Burke

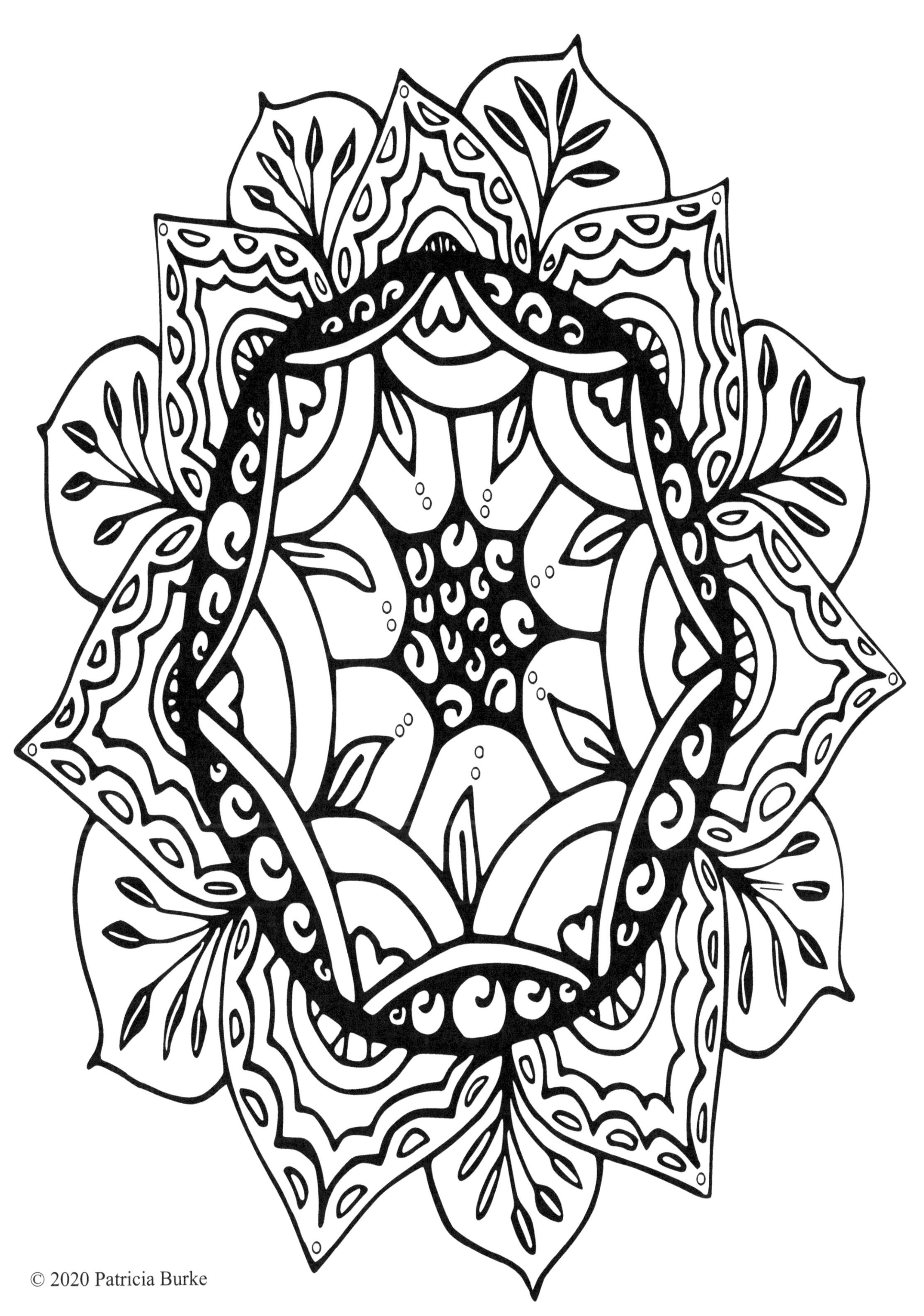

© 2020 Patricia Burke

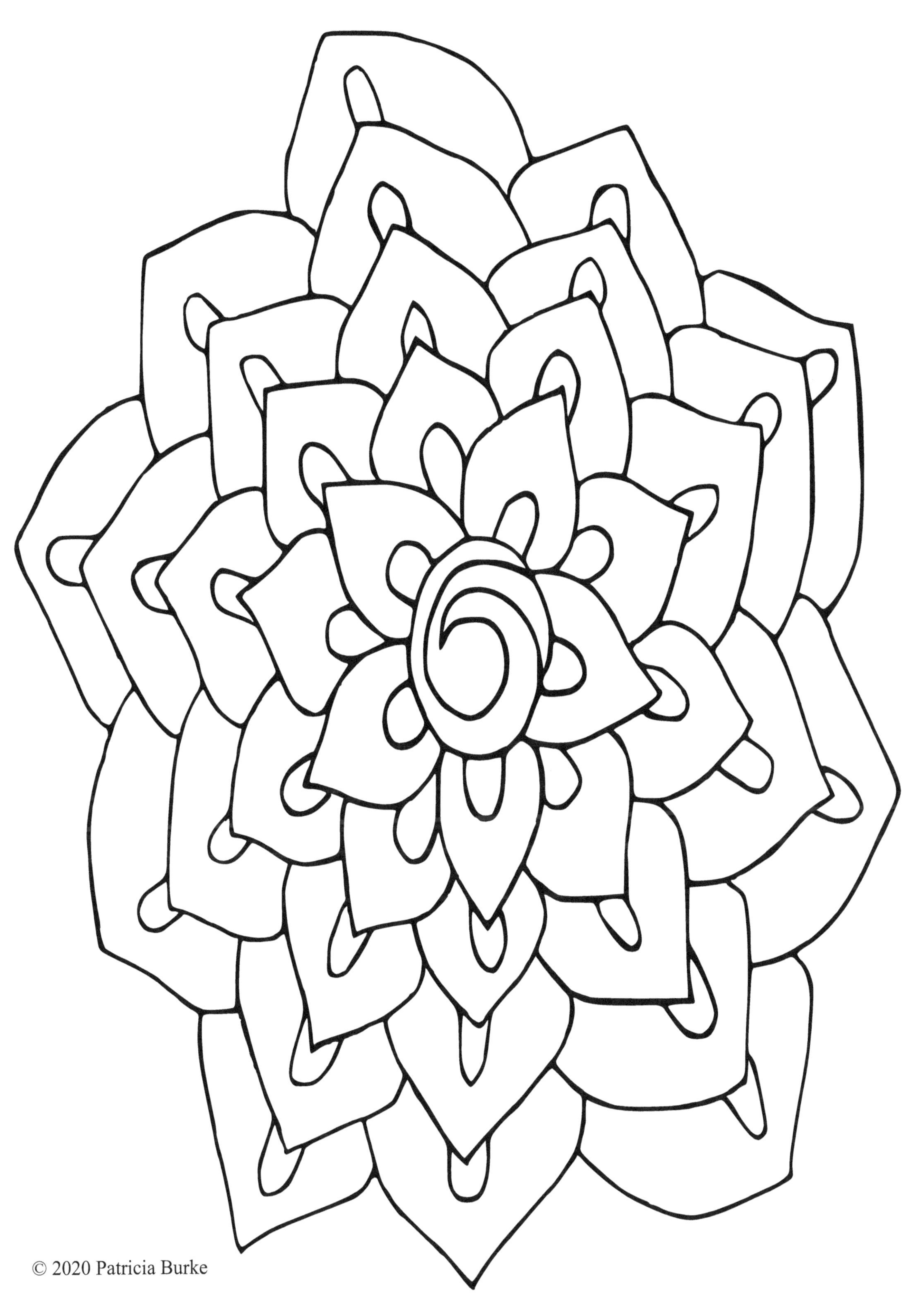

© 2020 Patricia Burke

© 2020 Patricia Burke

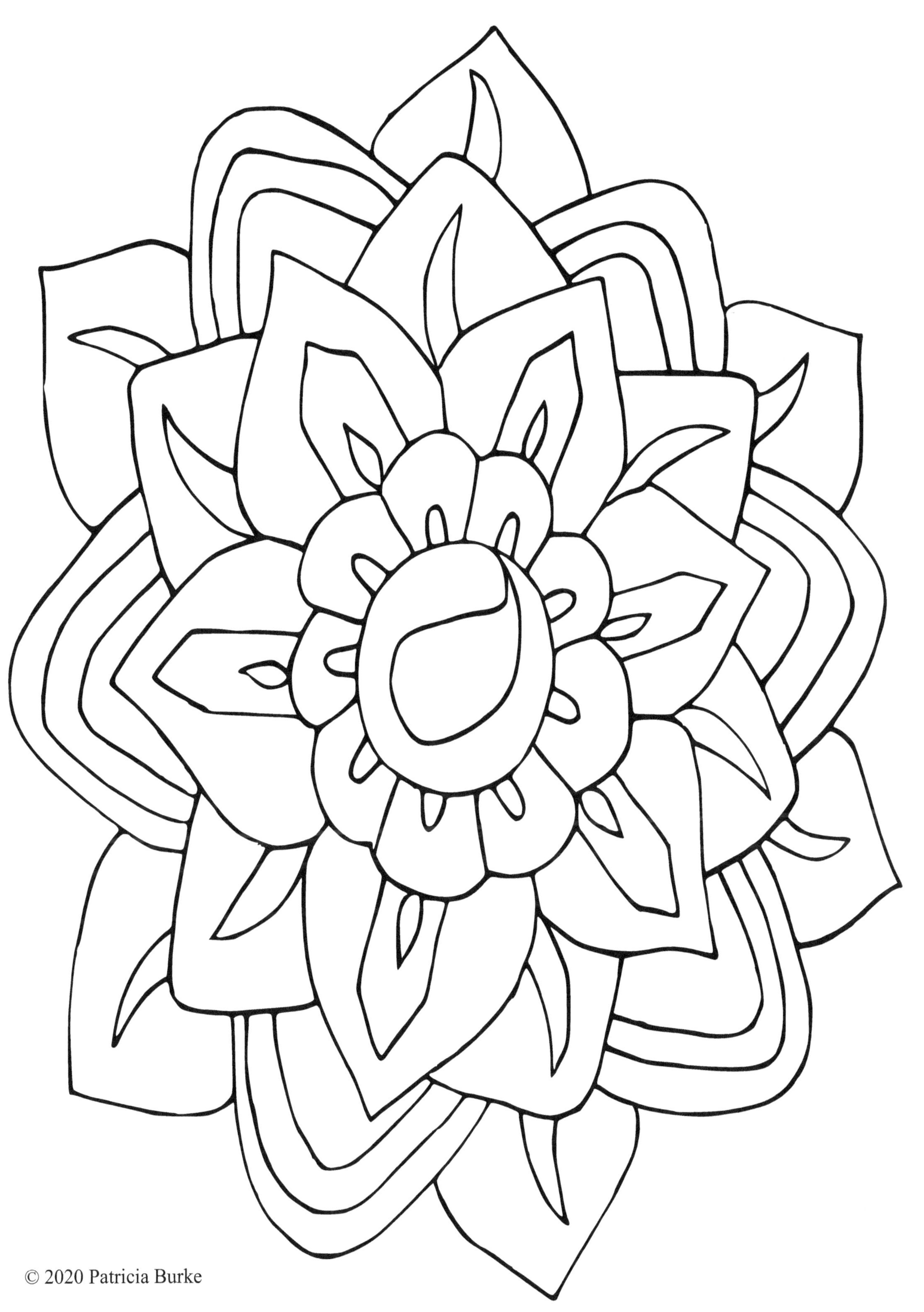

© 2020 Patricia Burke

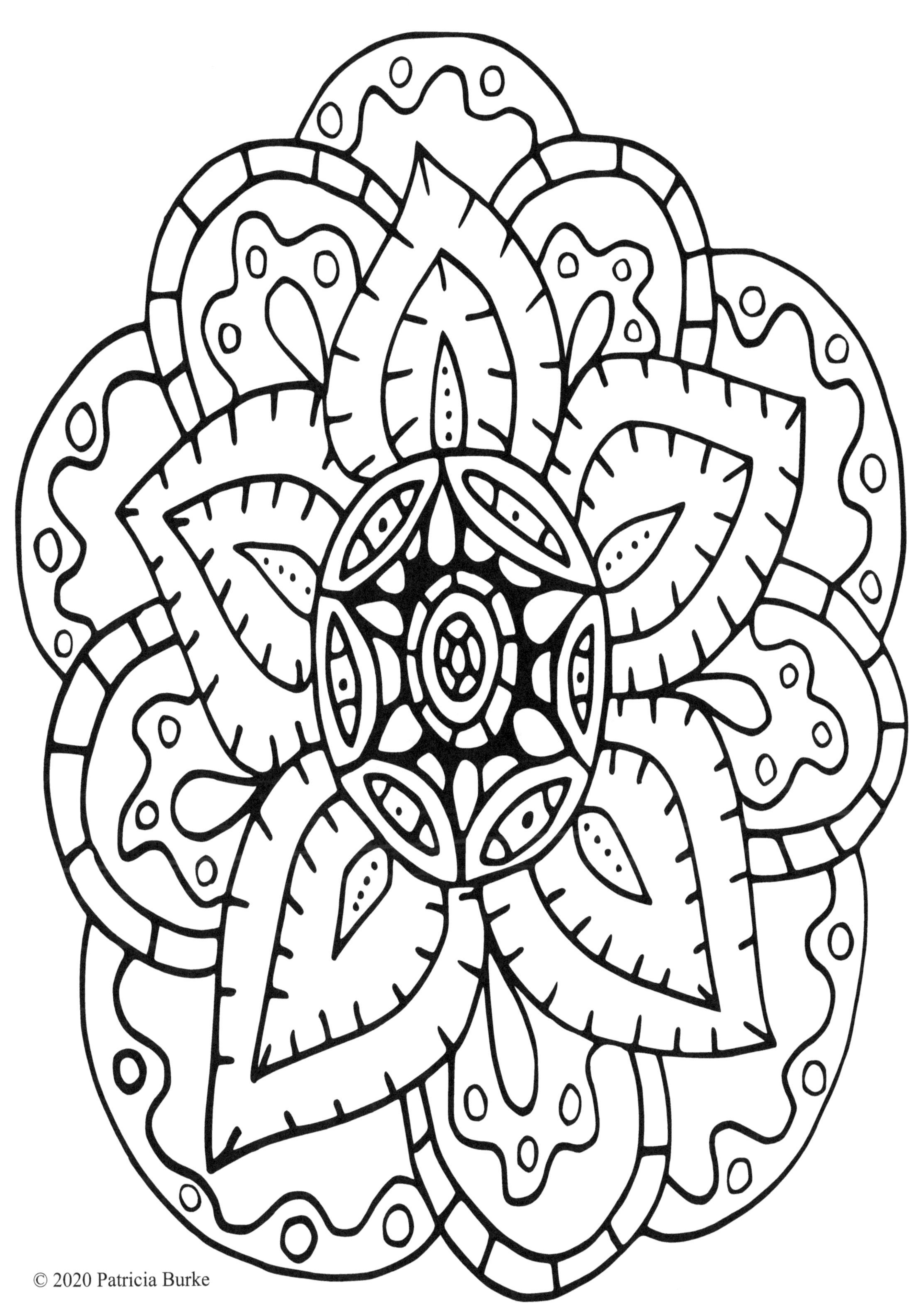

© 2020 Patricia Burke

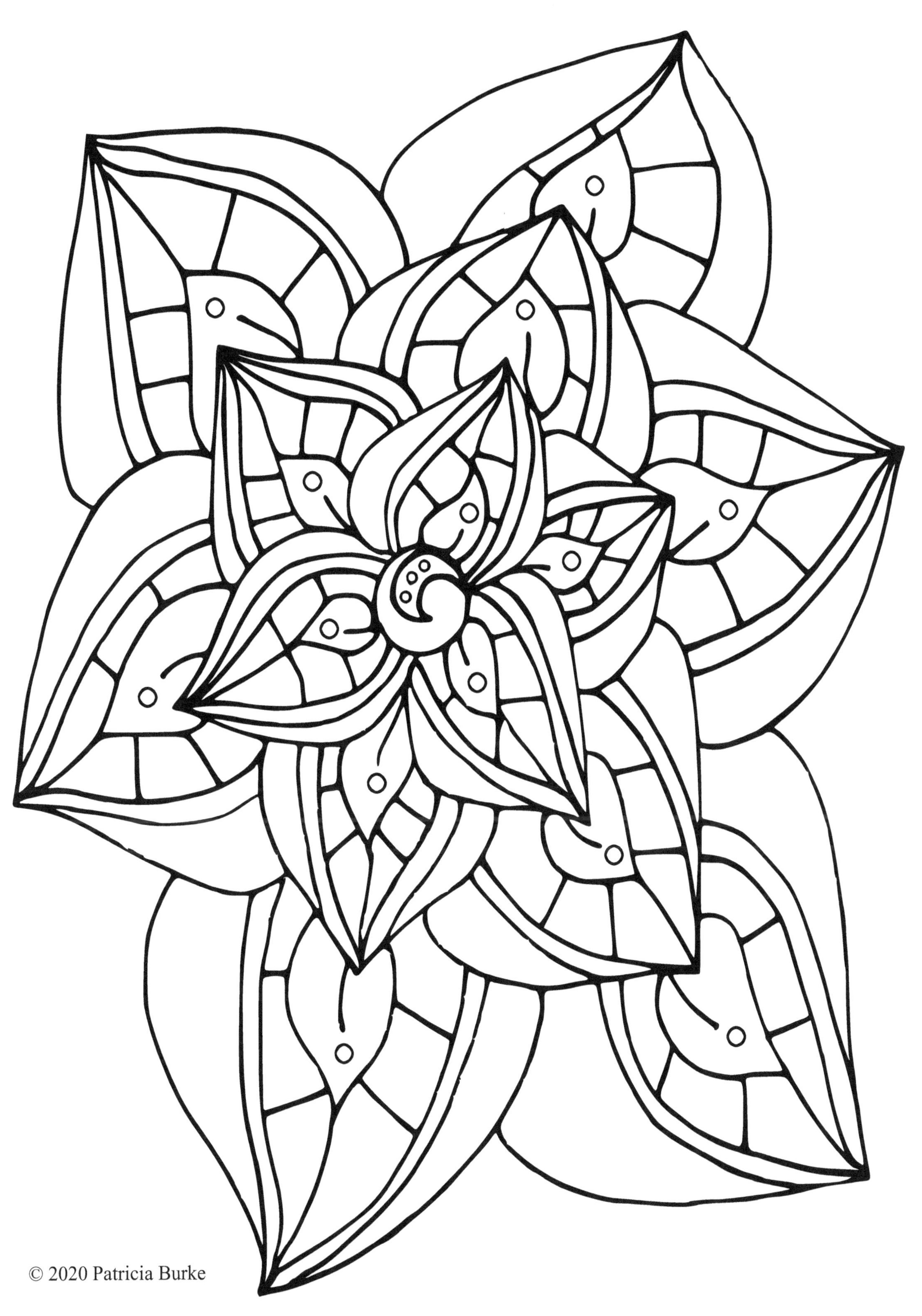

© 2020 Patricia Burke

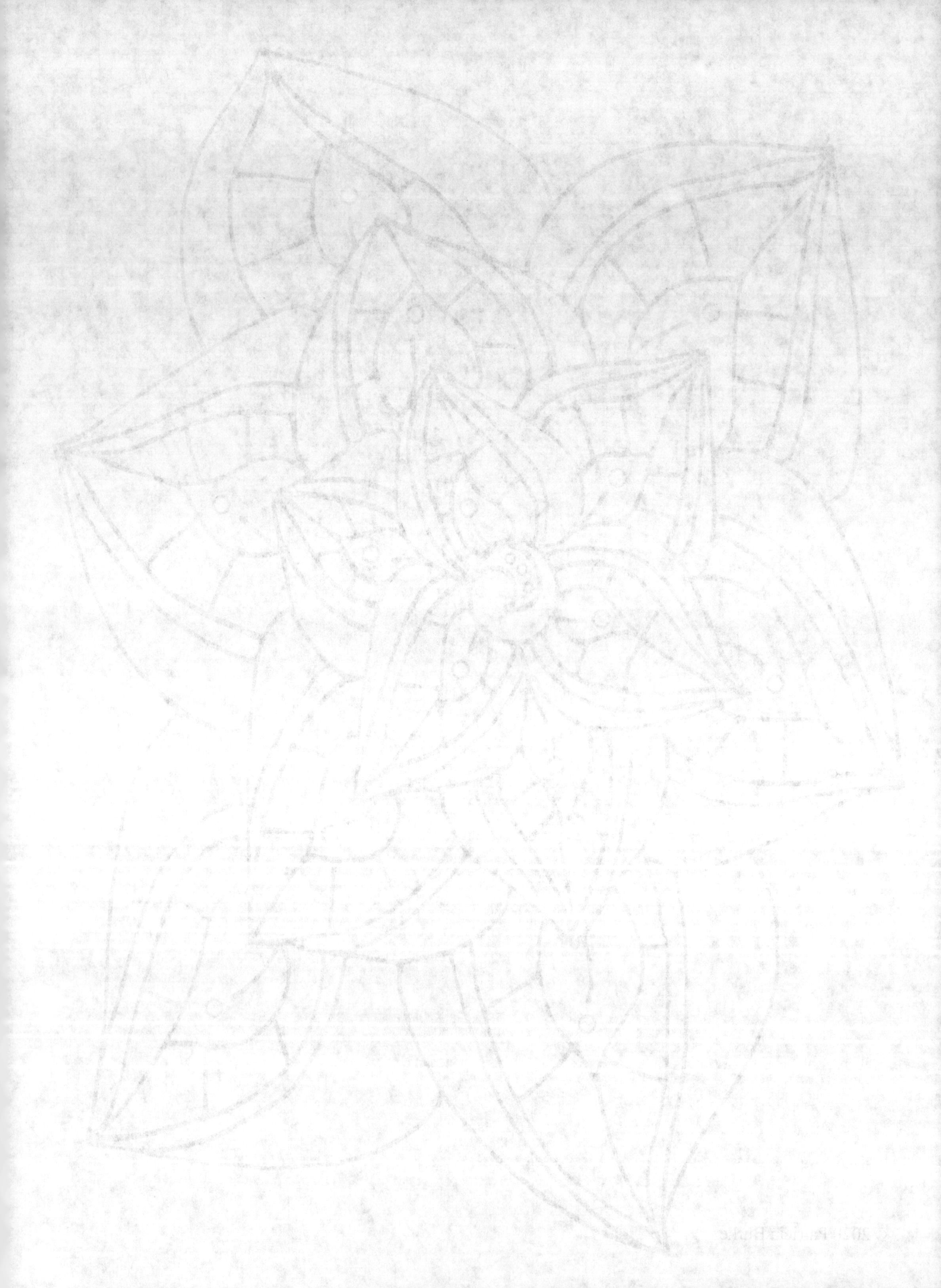

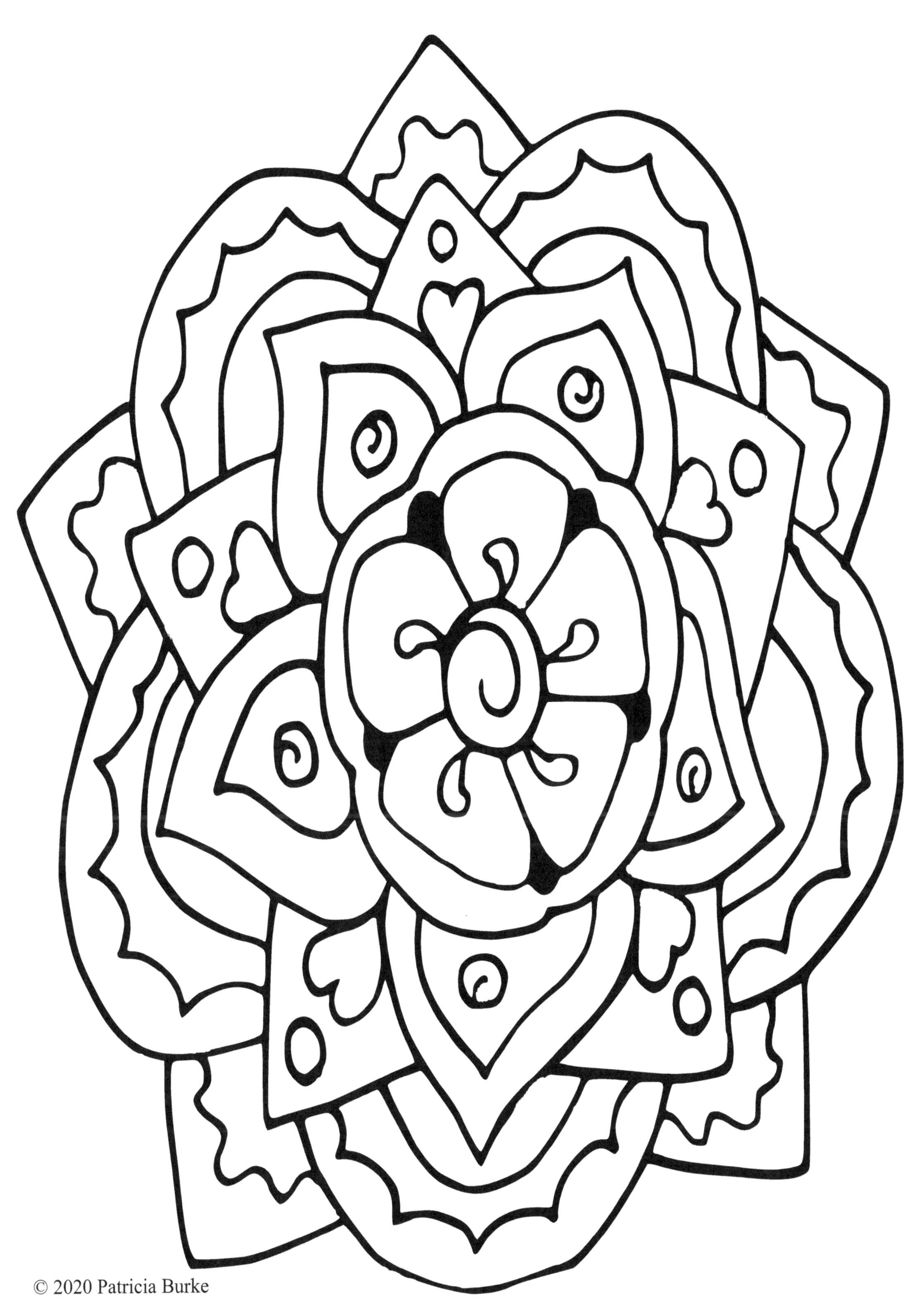

© 2020 Patricia Burke

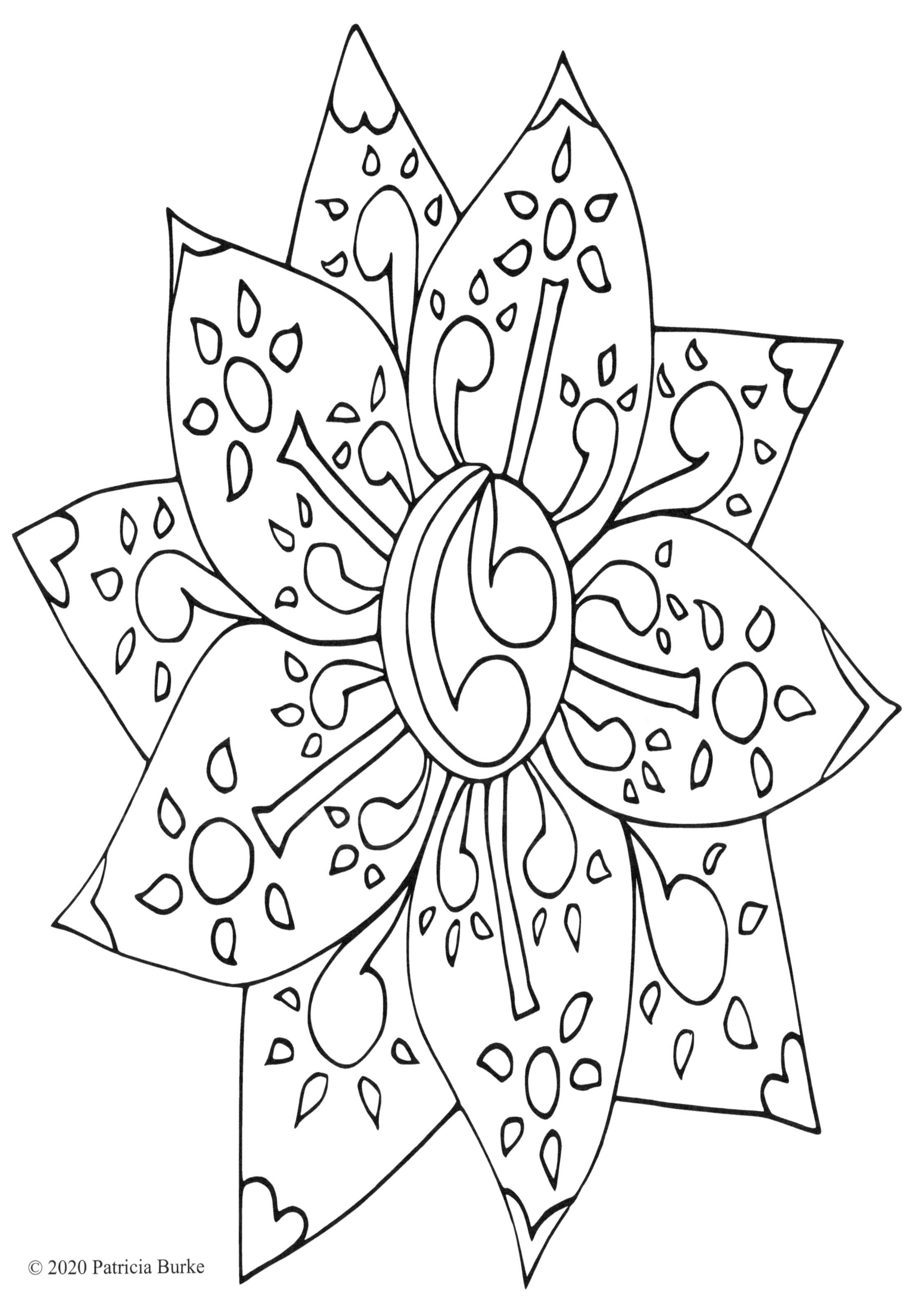

© 2020 Patricia Burke

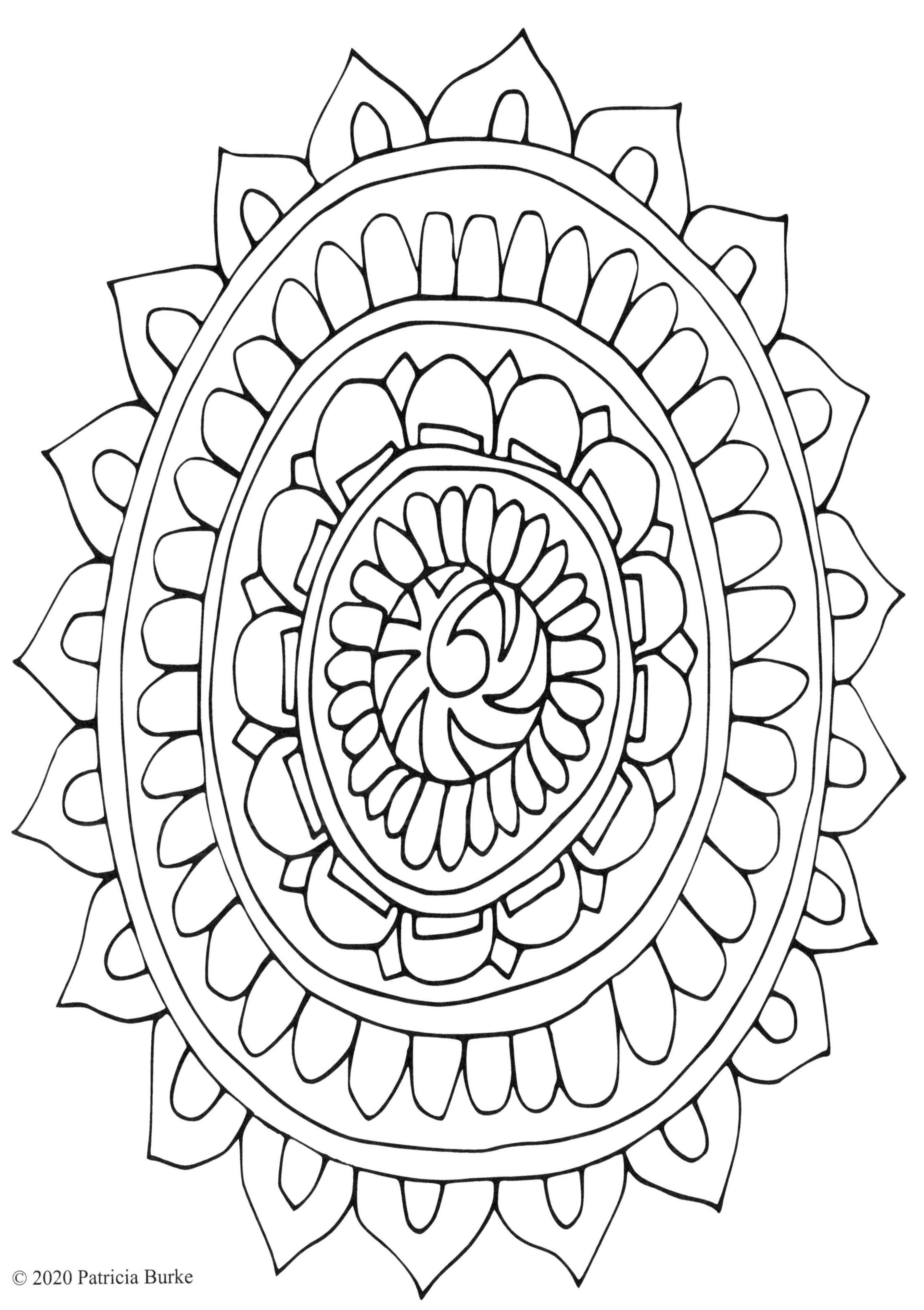

© 2020 Patricia Burke

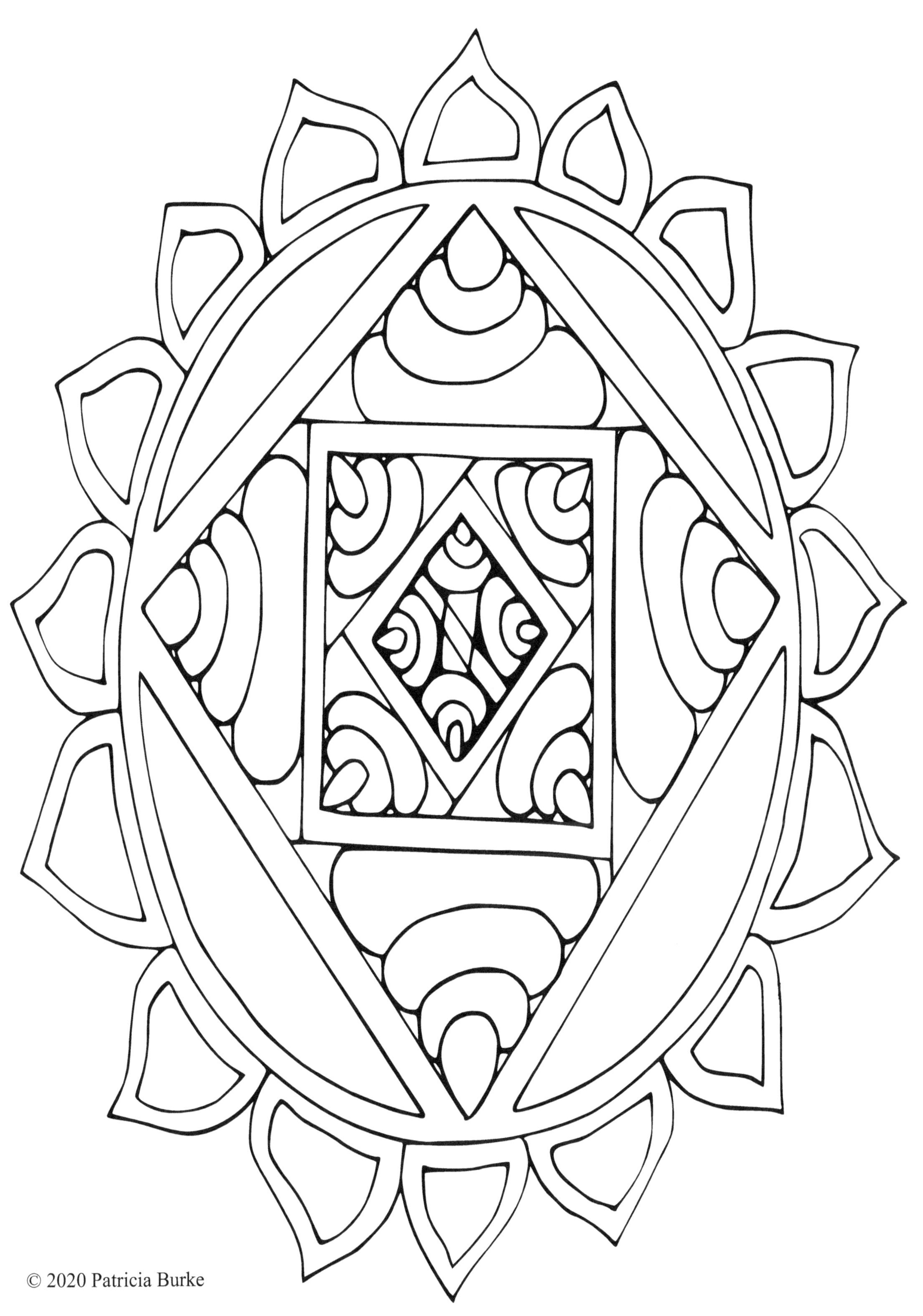

© 2020 Patricia Burke

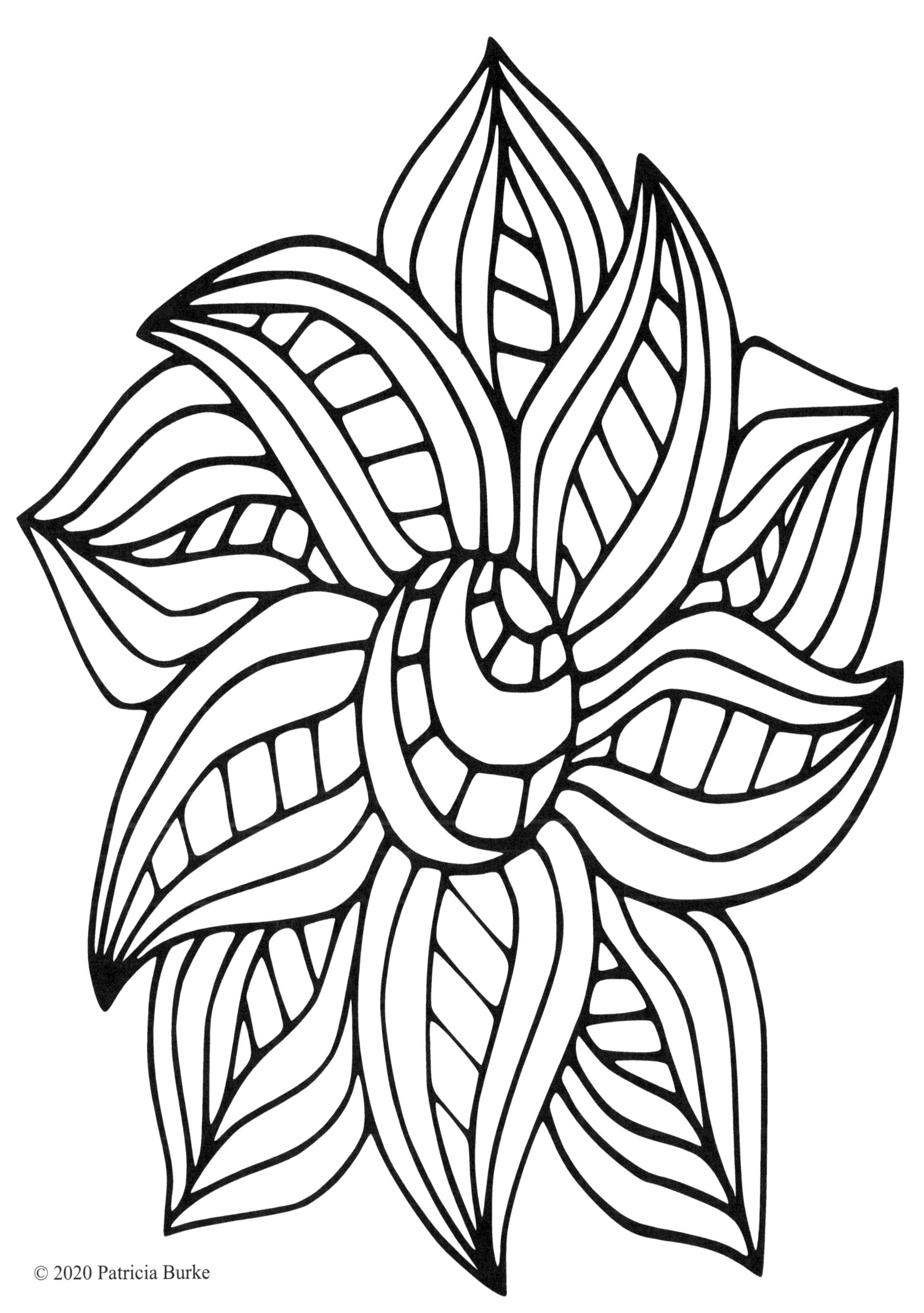

© 2020 Patricia Burke

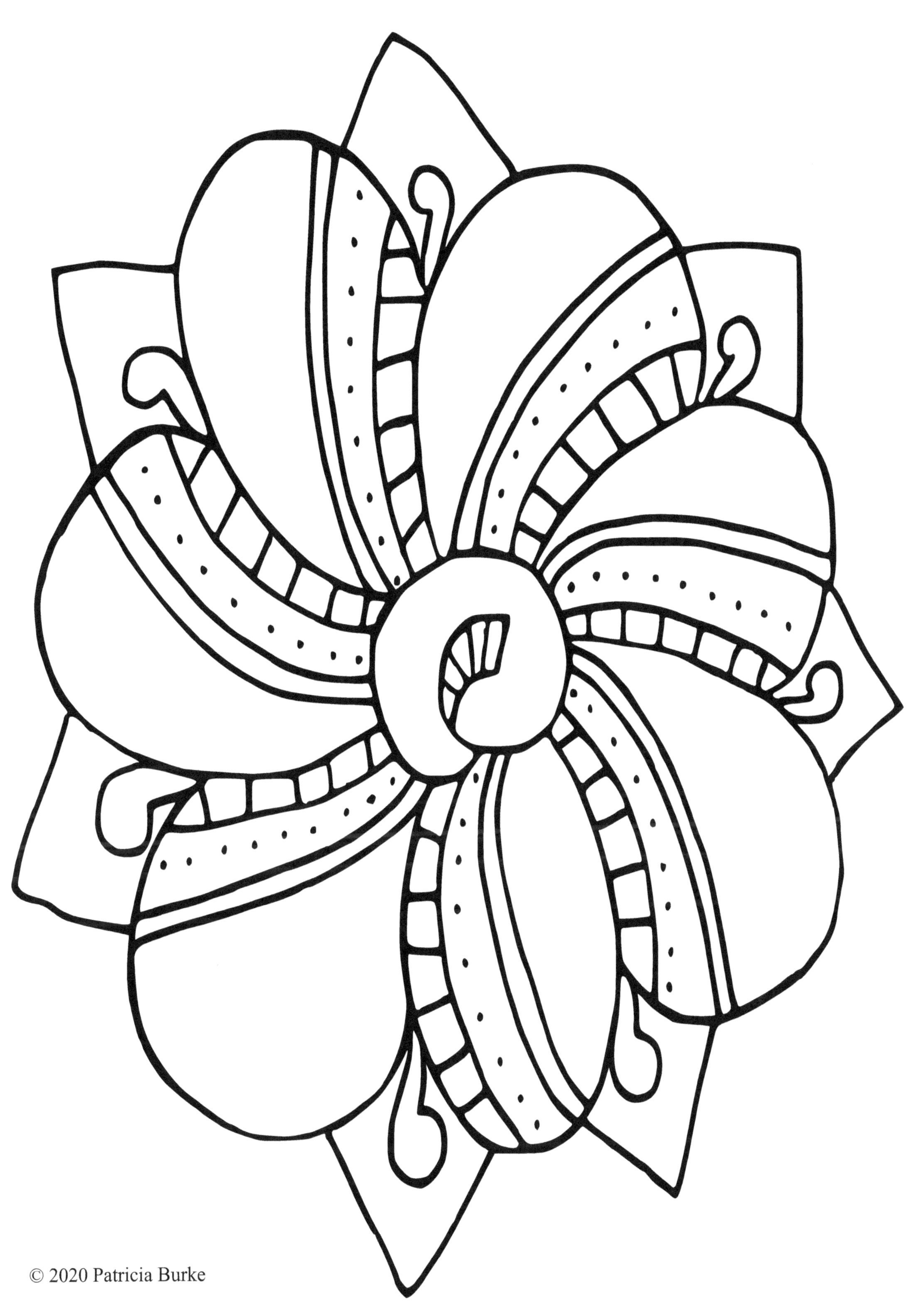

© 2020 Patricia Burke

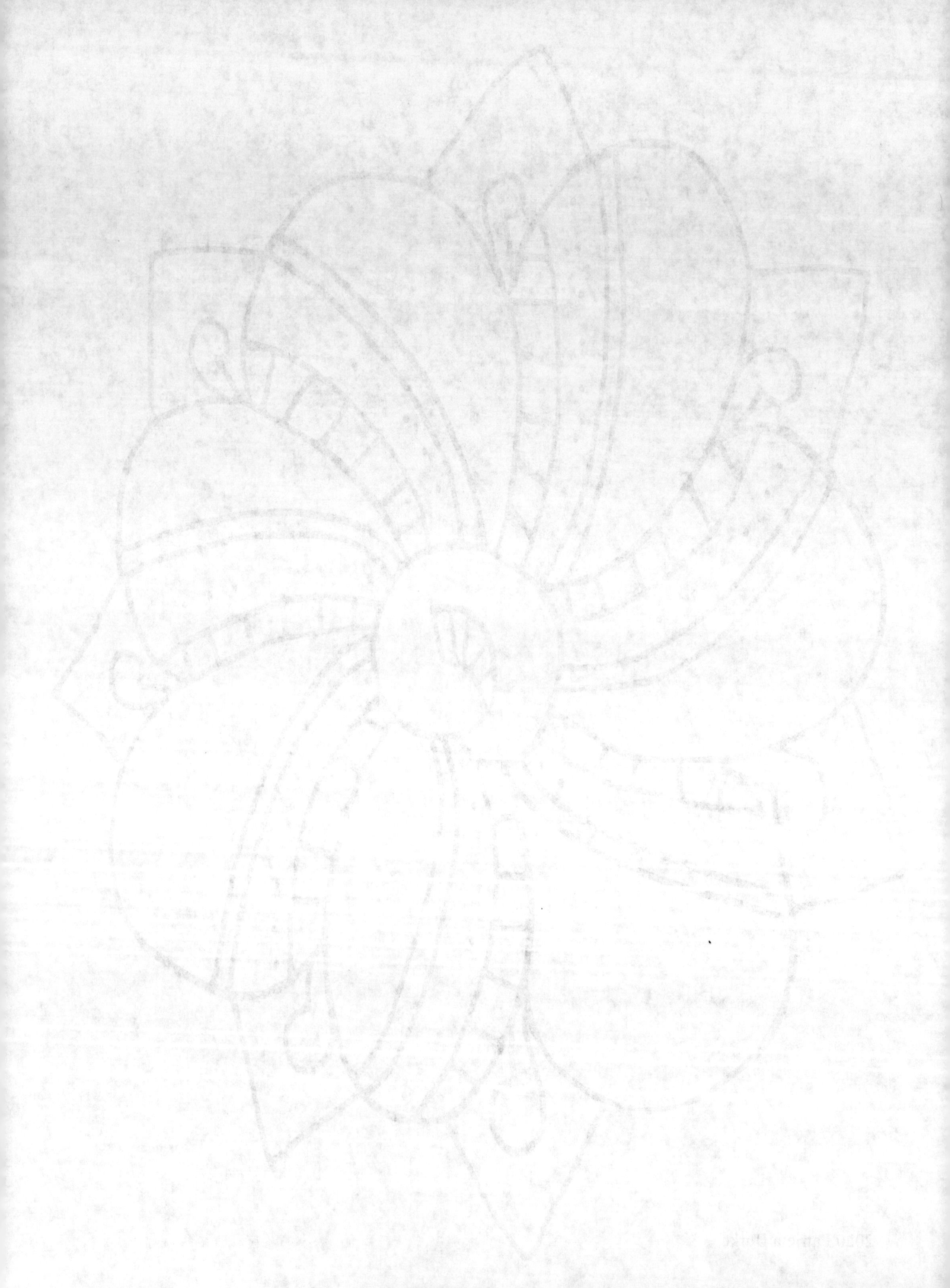

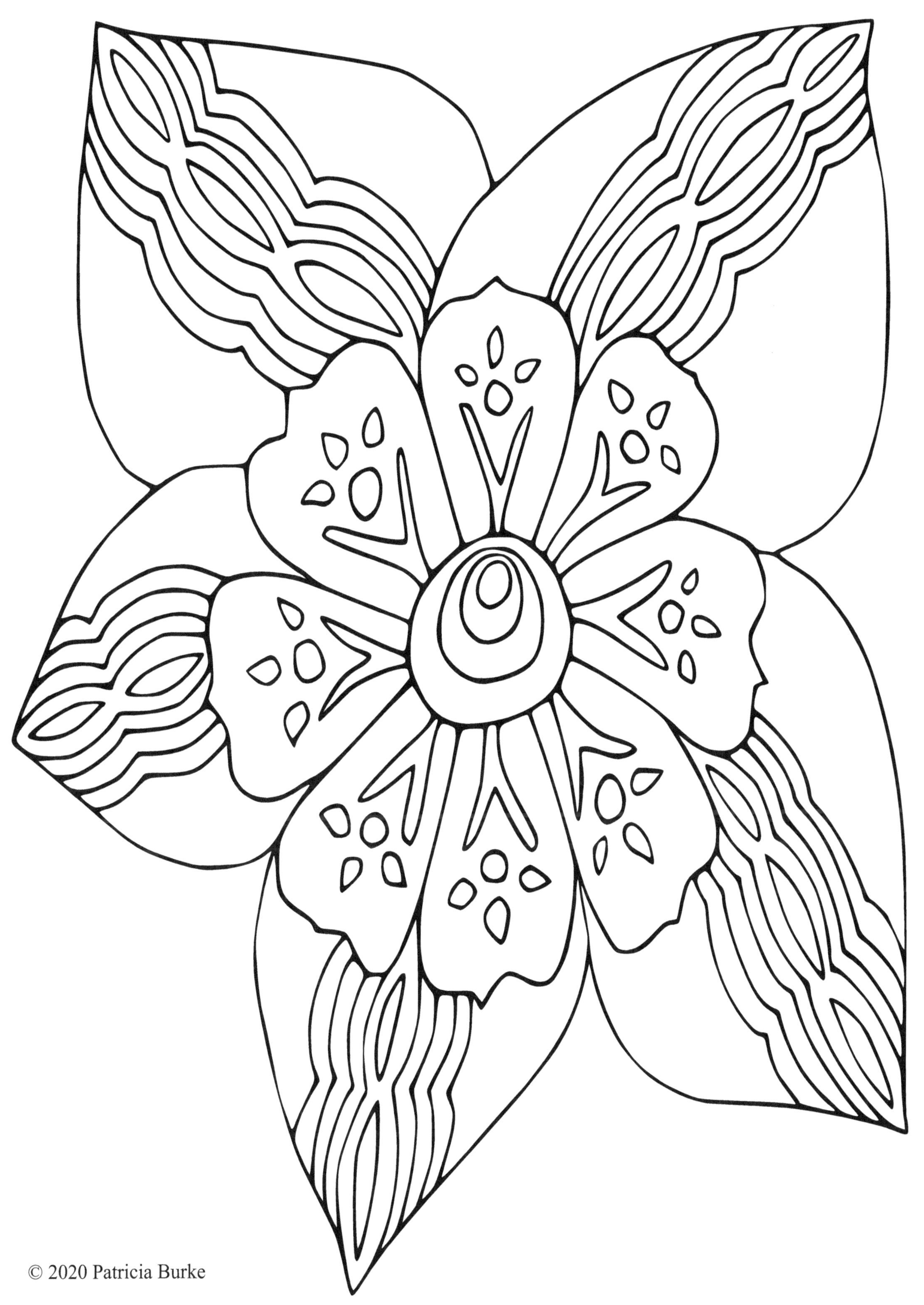

© 2020 Patricia Burke

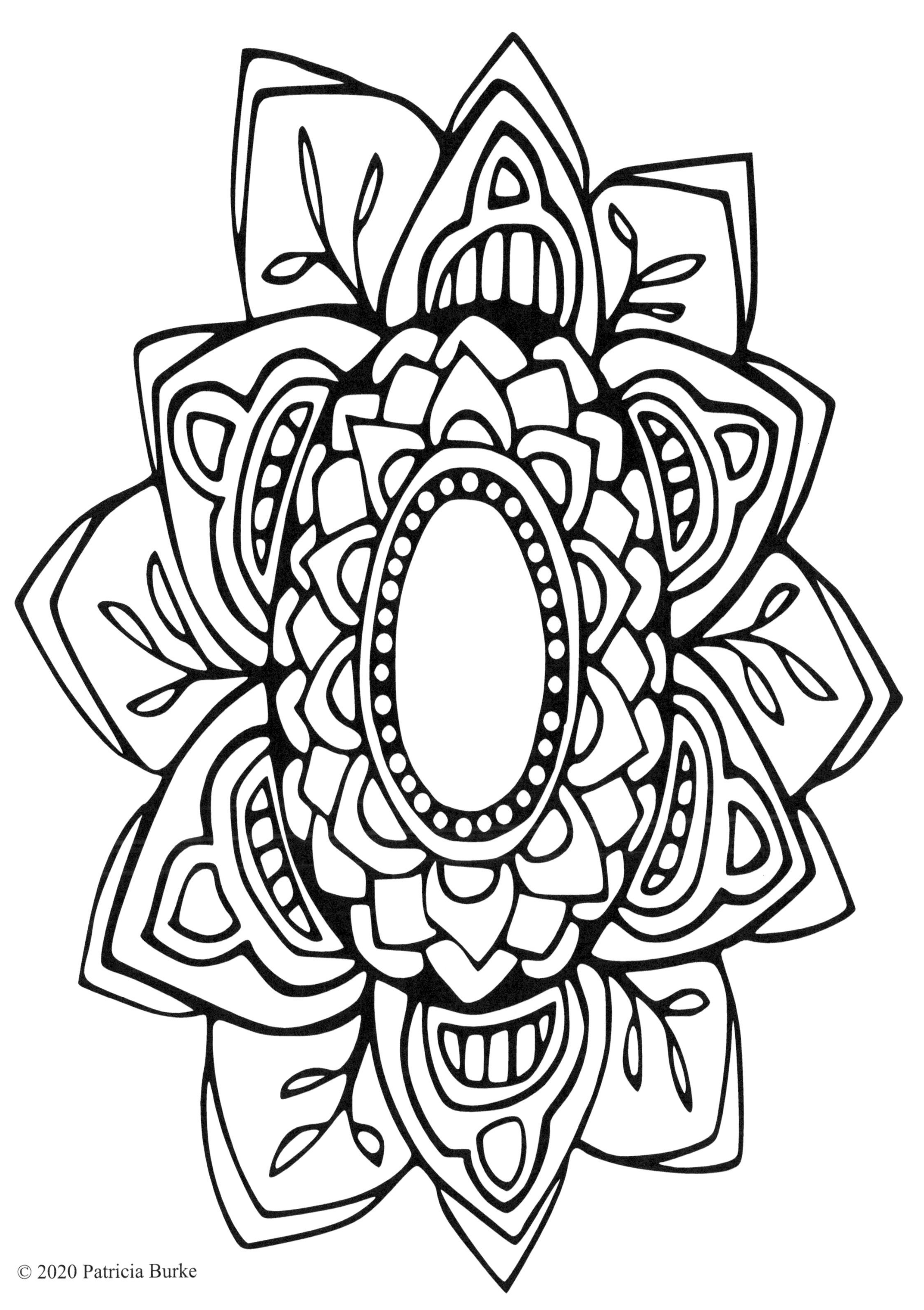

© 2020 Patricia Burke

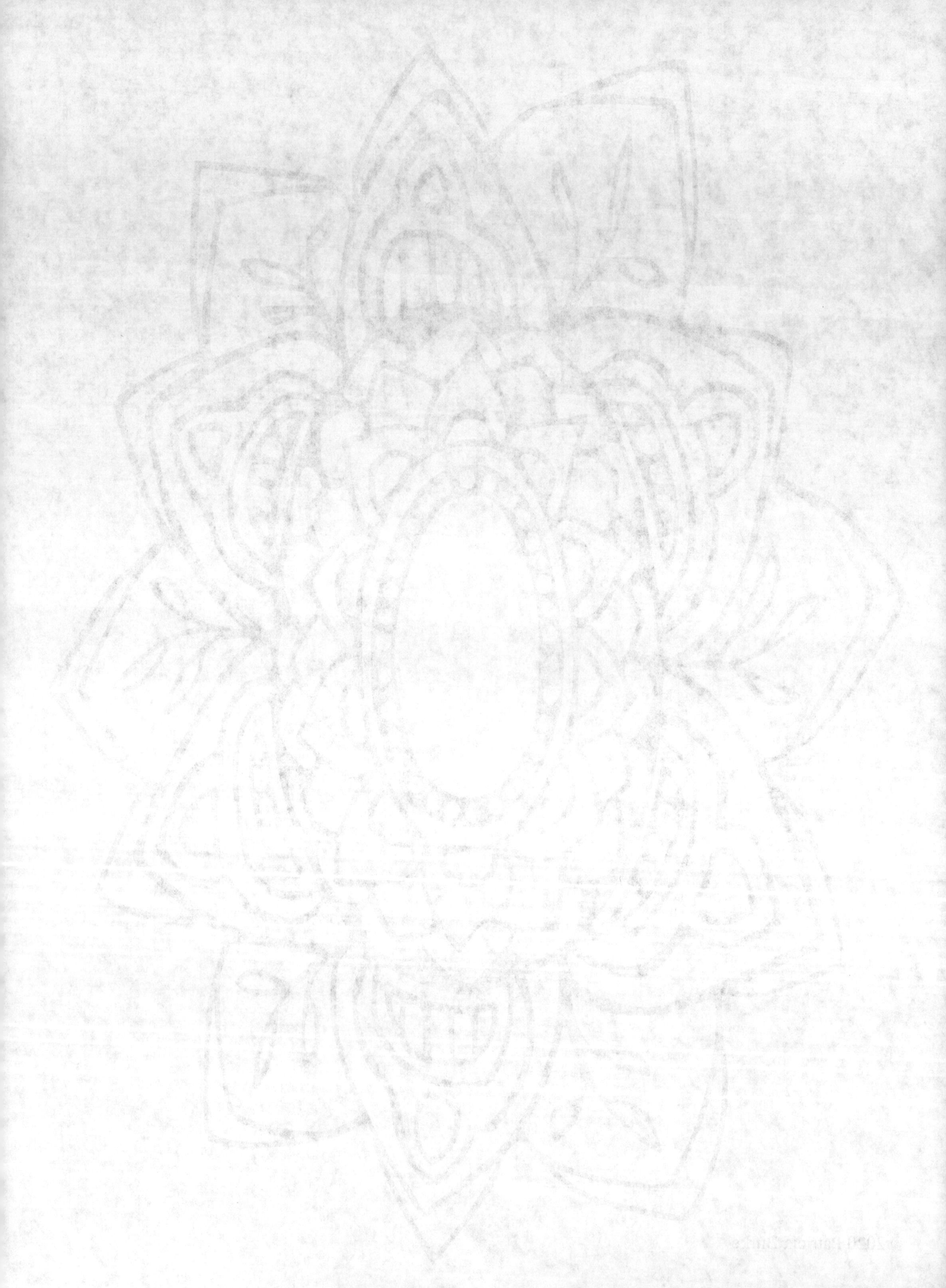

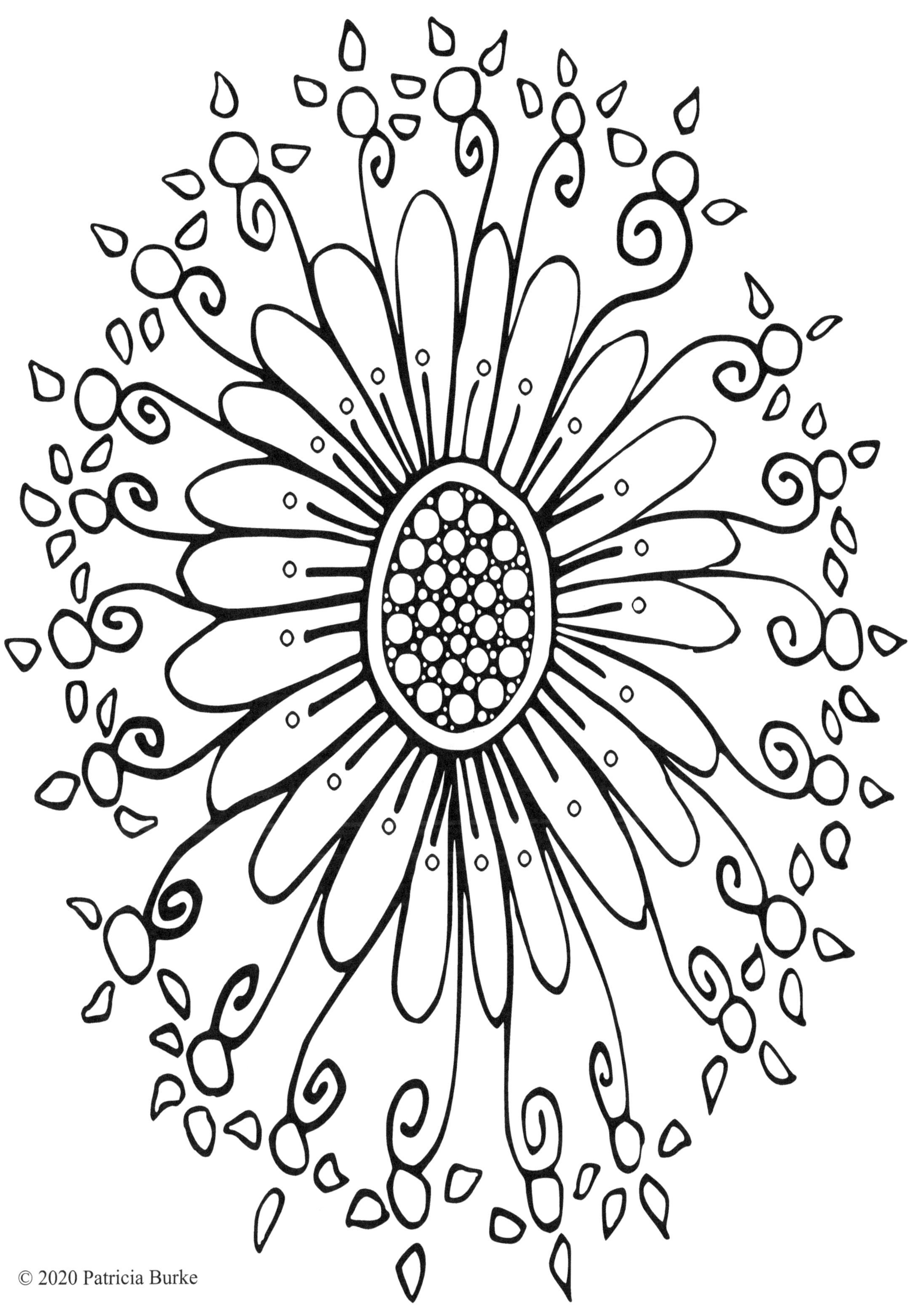

© 2020 Patricia Burke

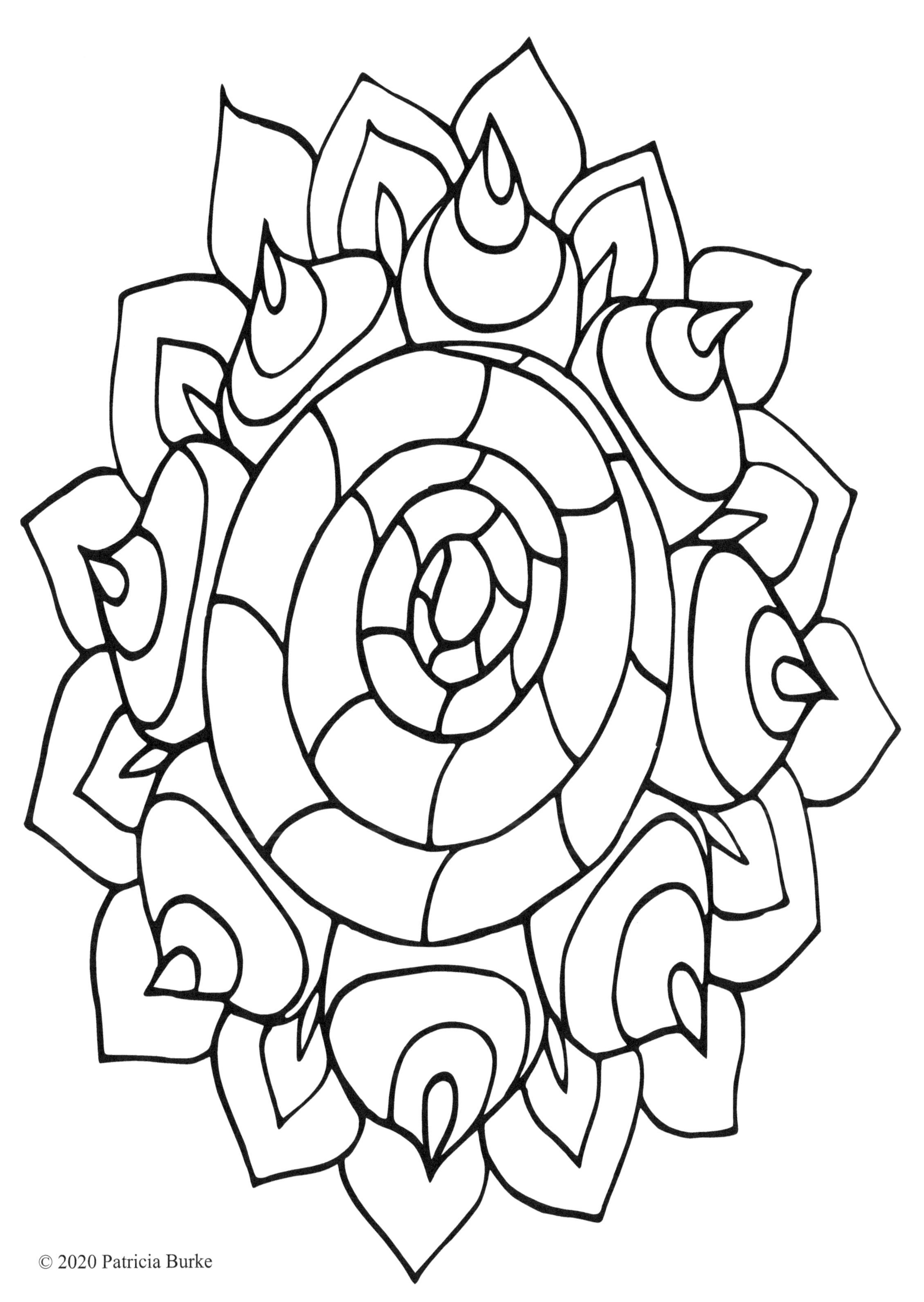

© 2020 Patricia Burke

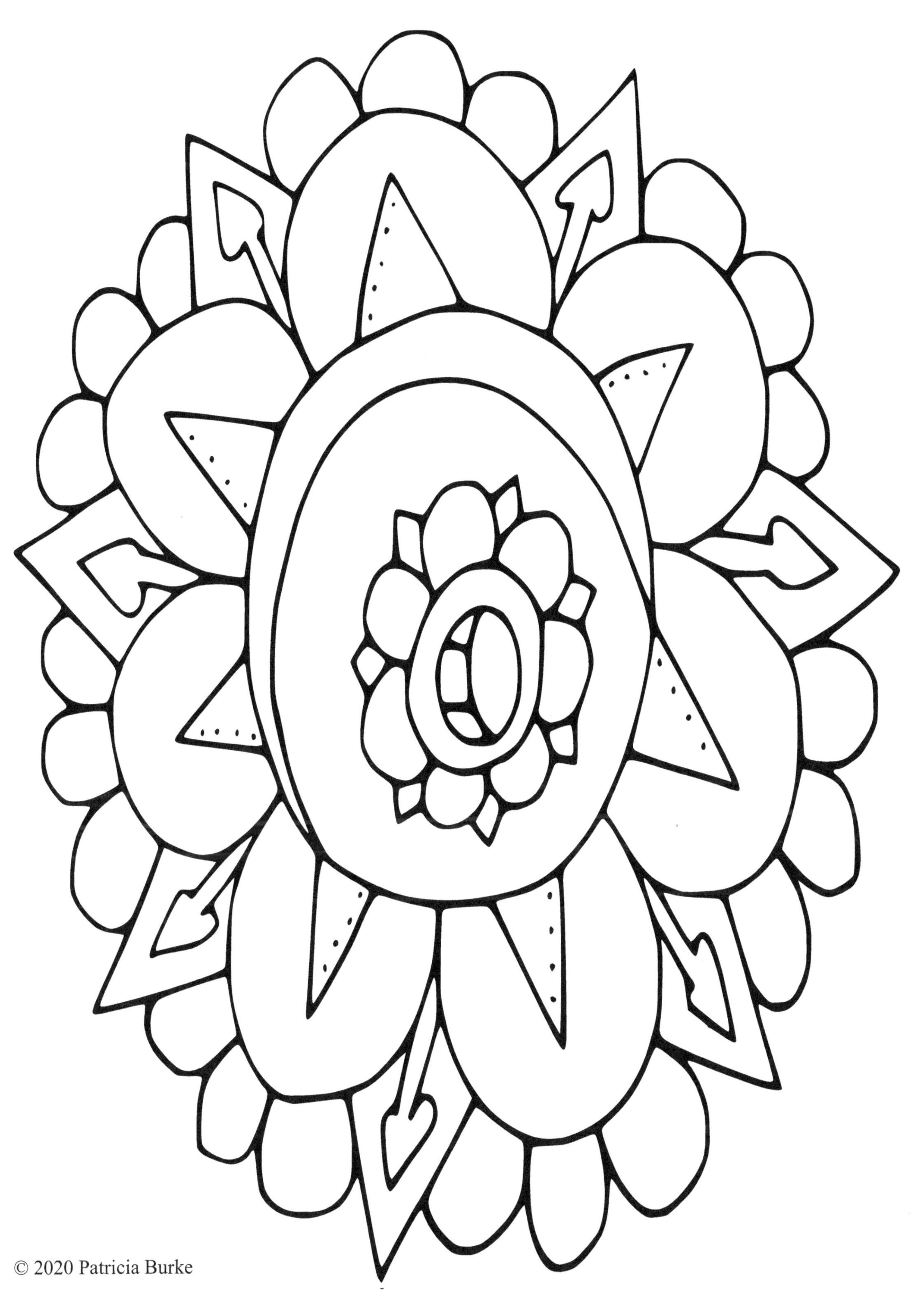

© 2020 Patricia Burke

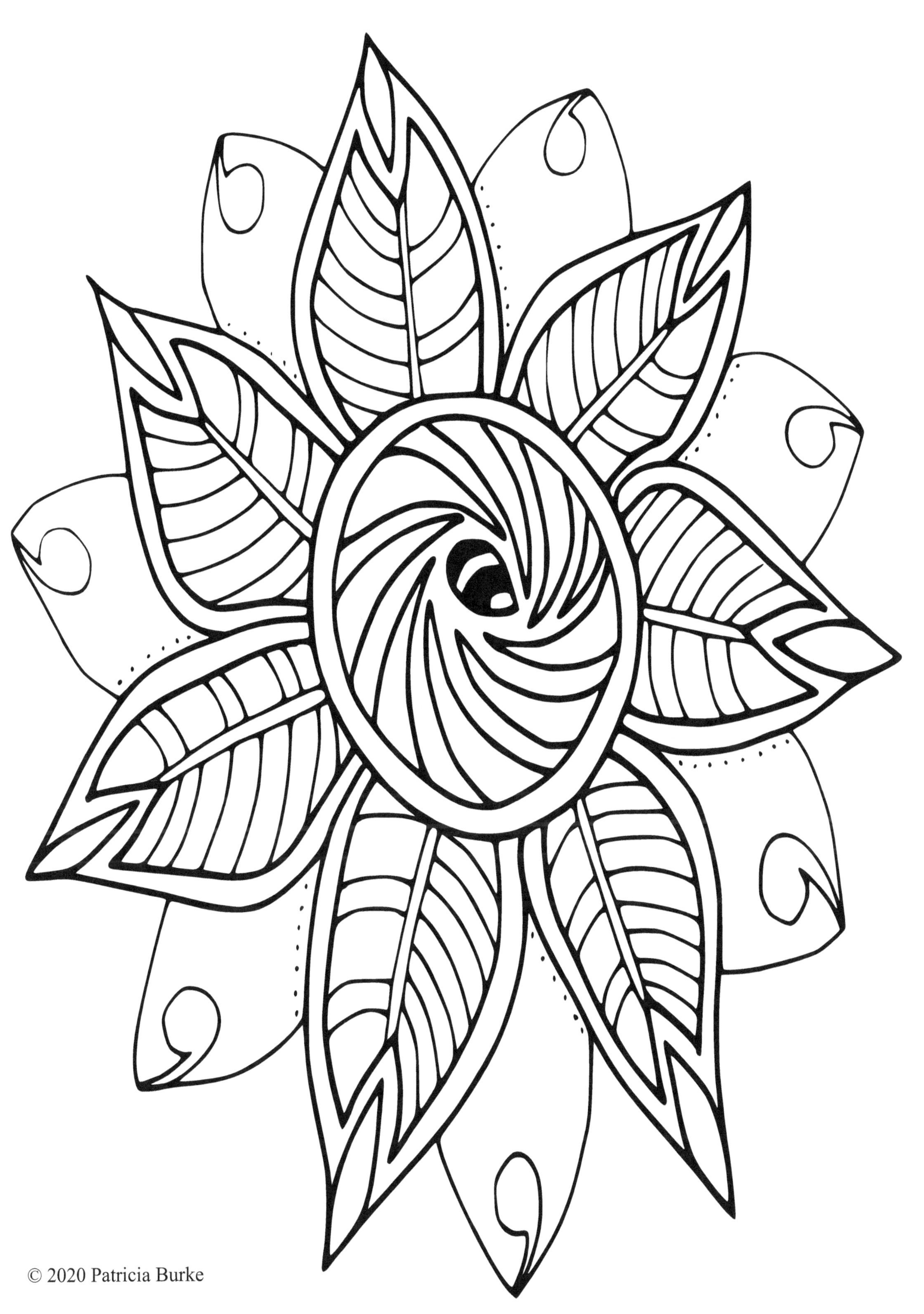

© 2020 Patricia Burke

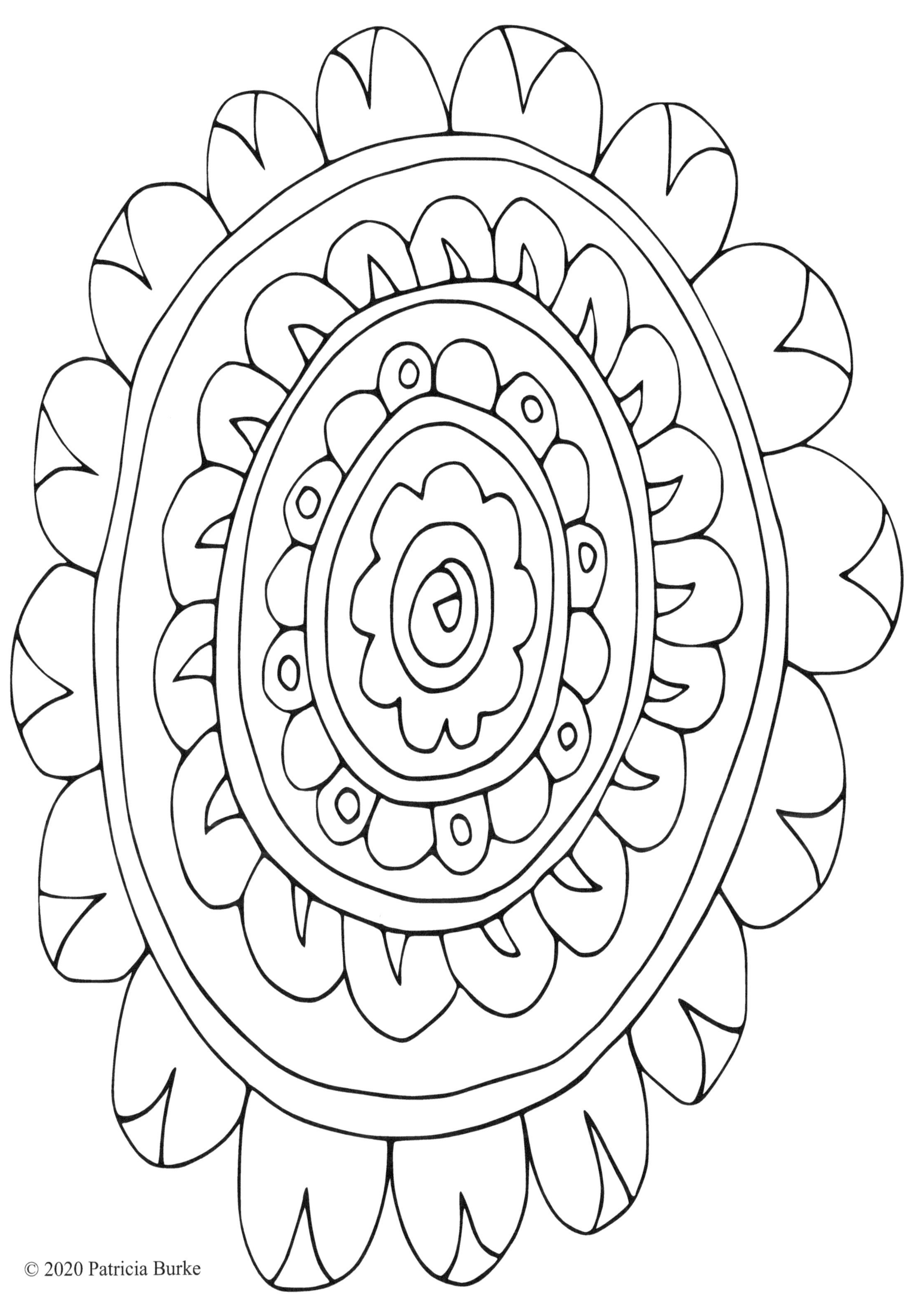

© 2020 Patricia Burke

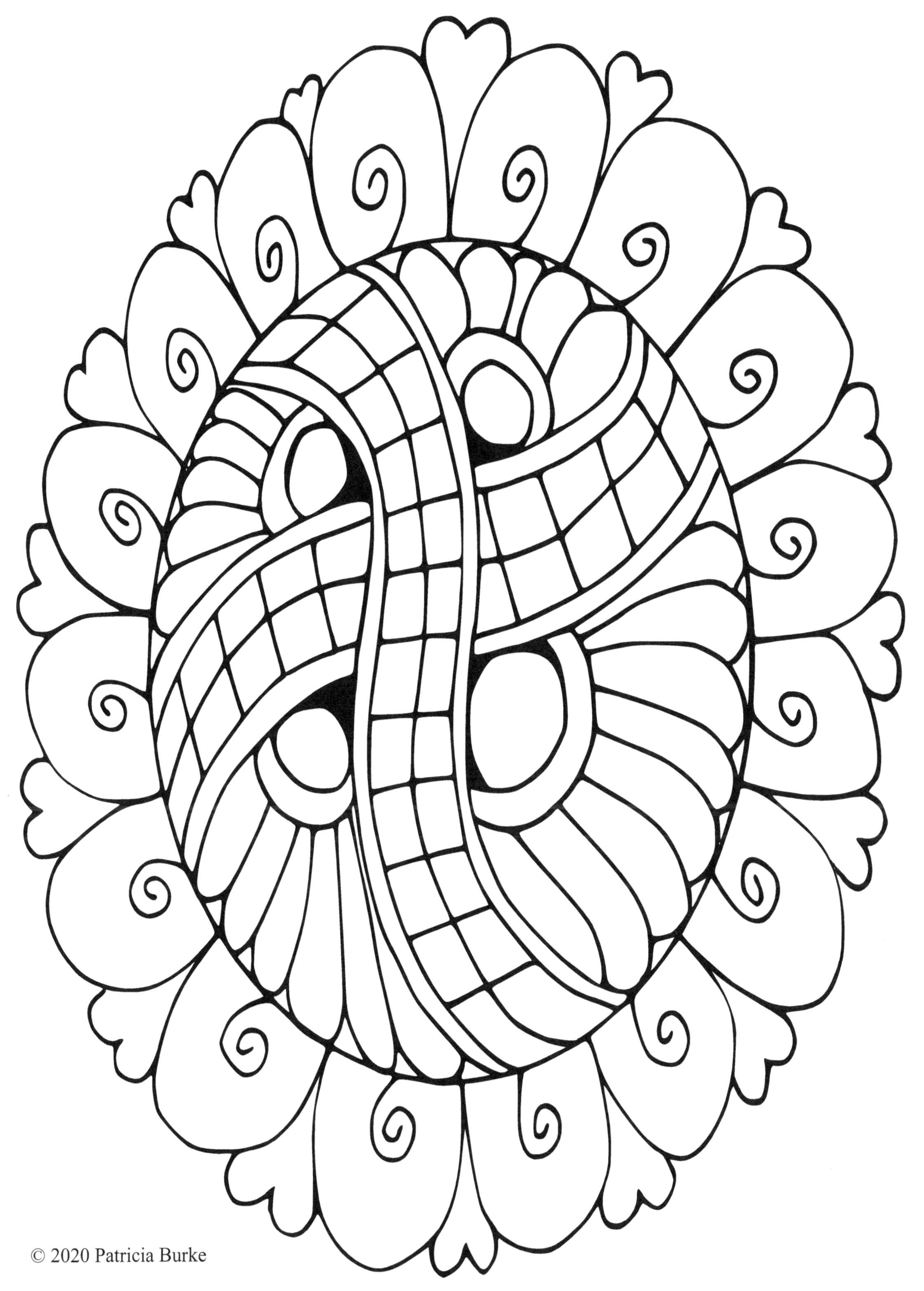

© 2020 Patricia Burke

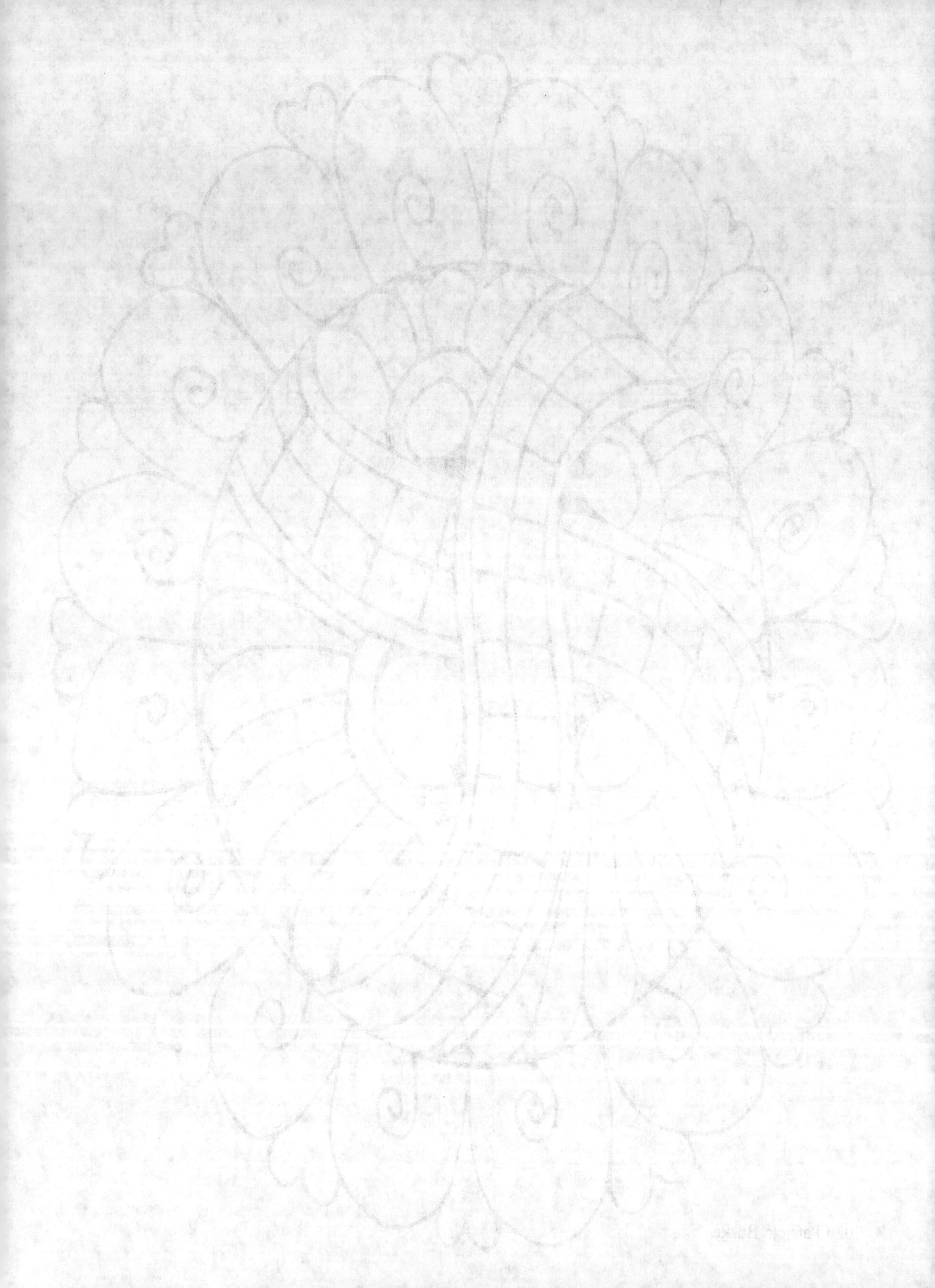

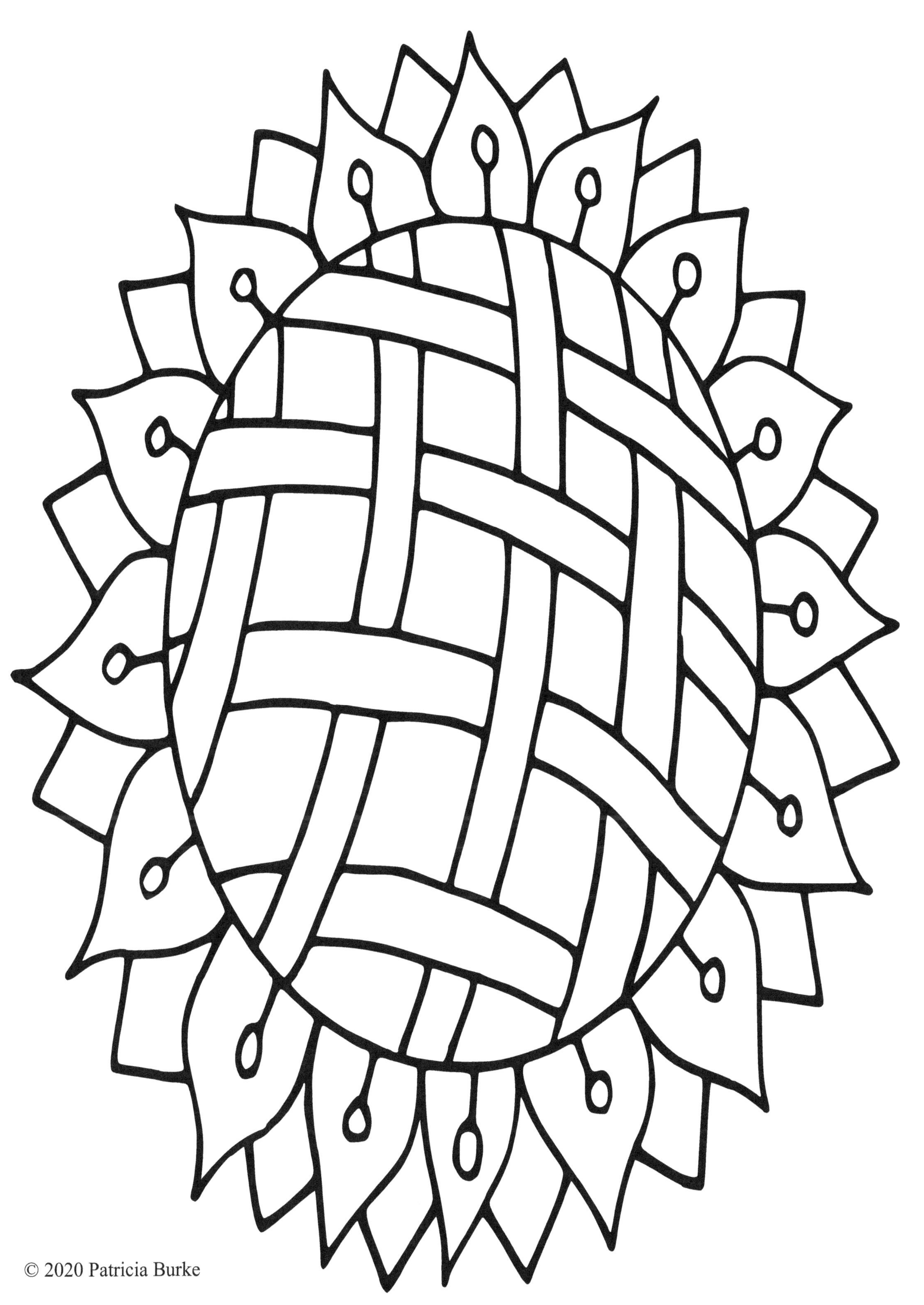

© 2020 Patricia Burke

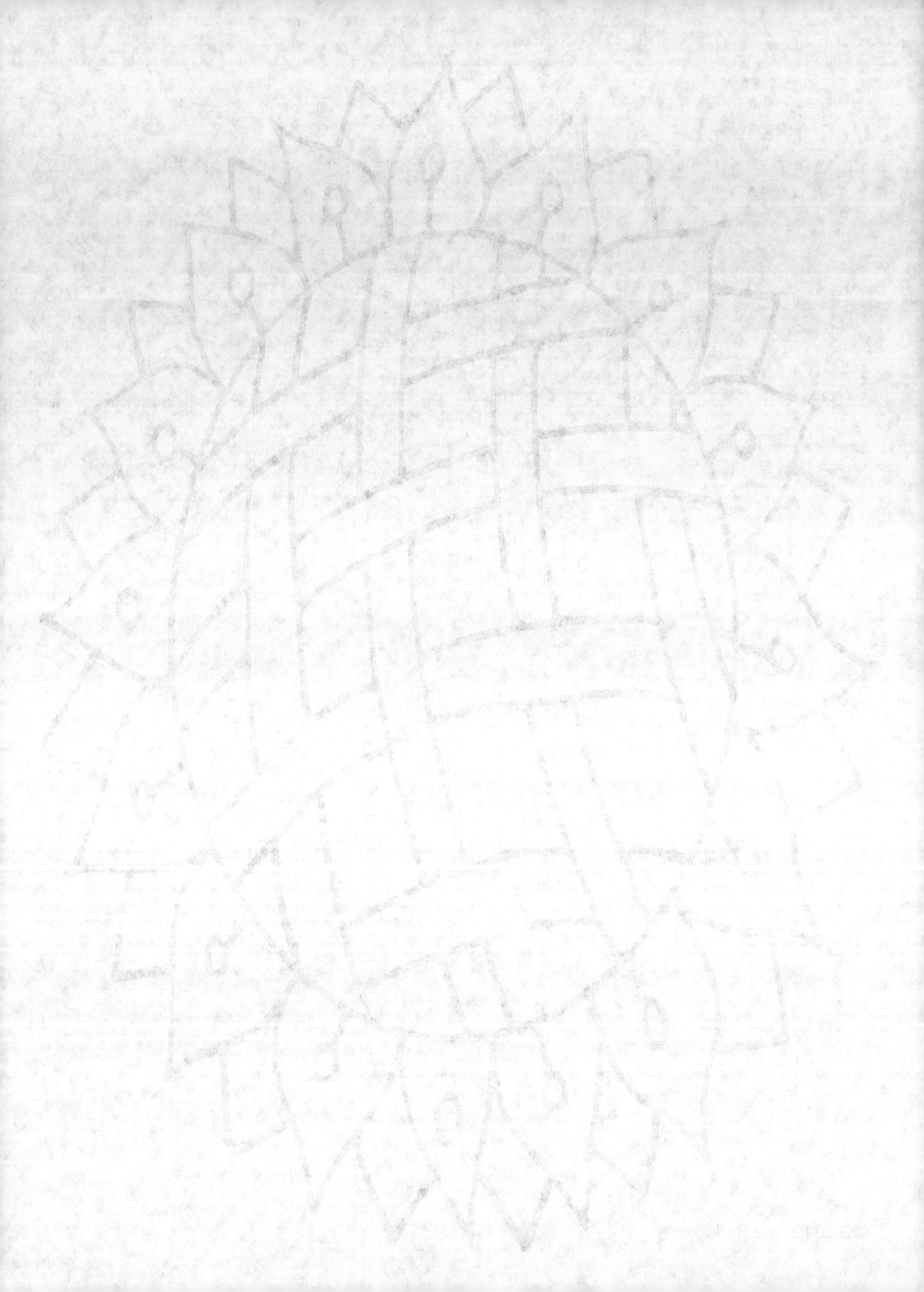

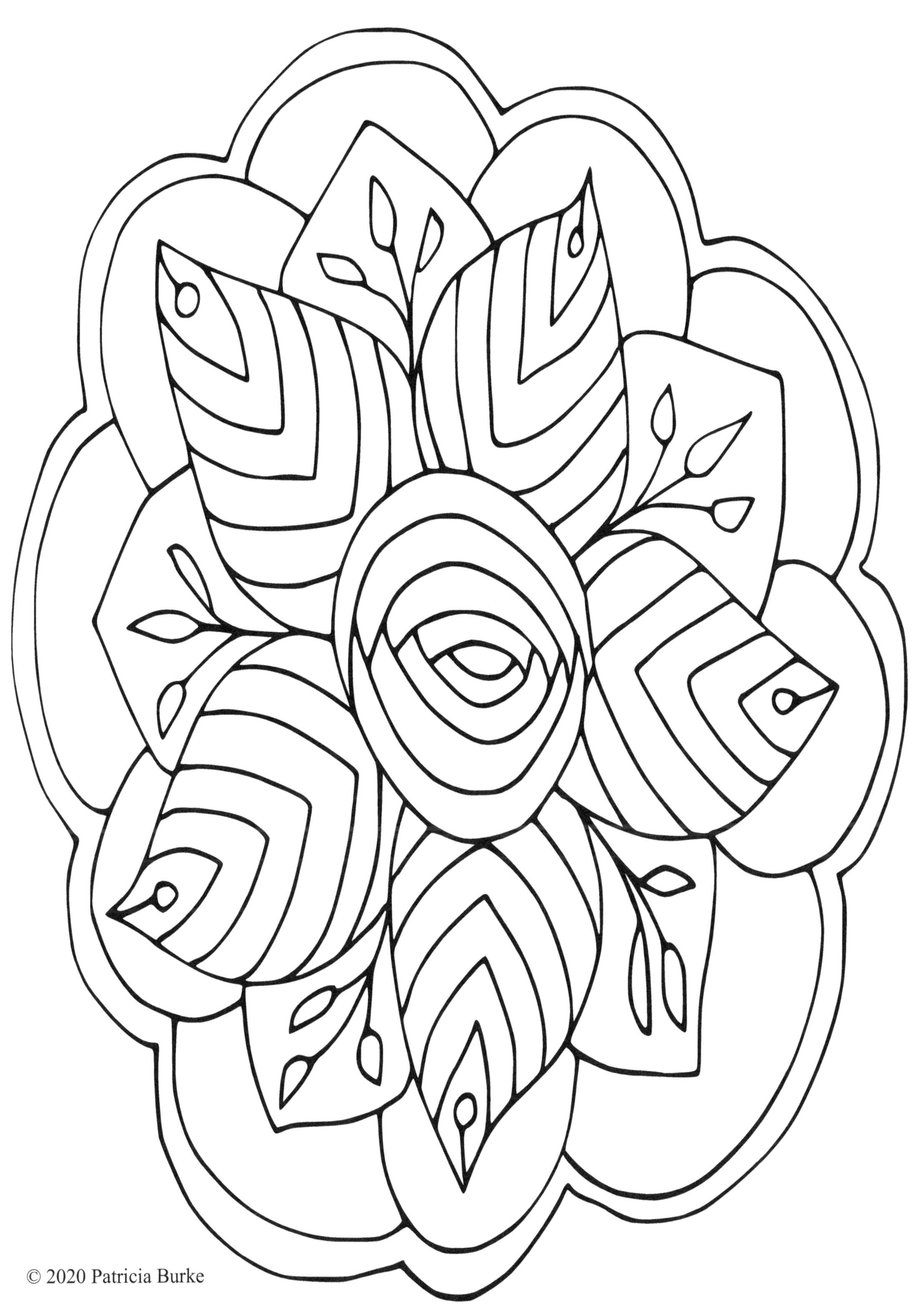

© 2020 Patricia Burke

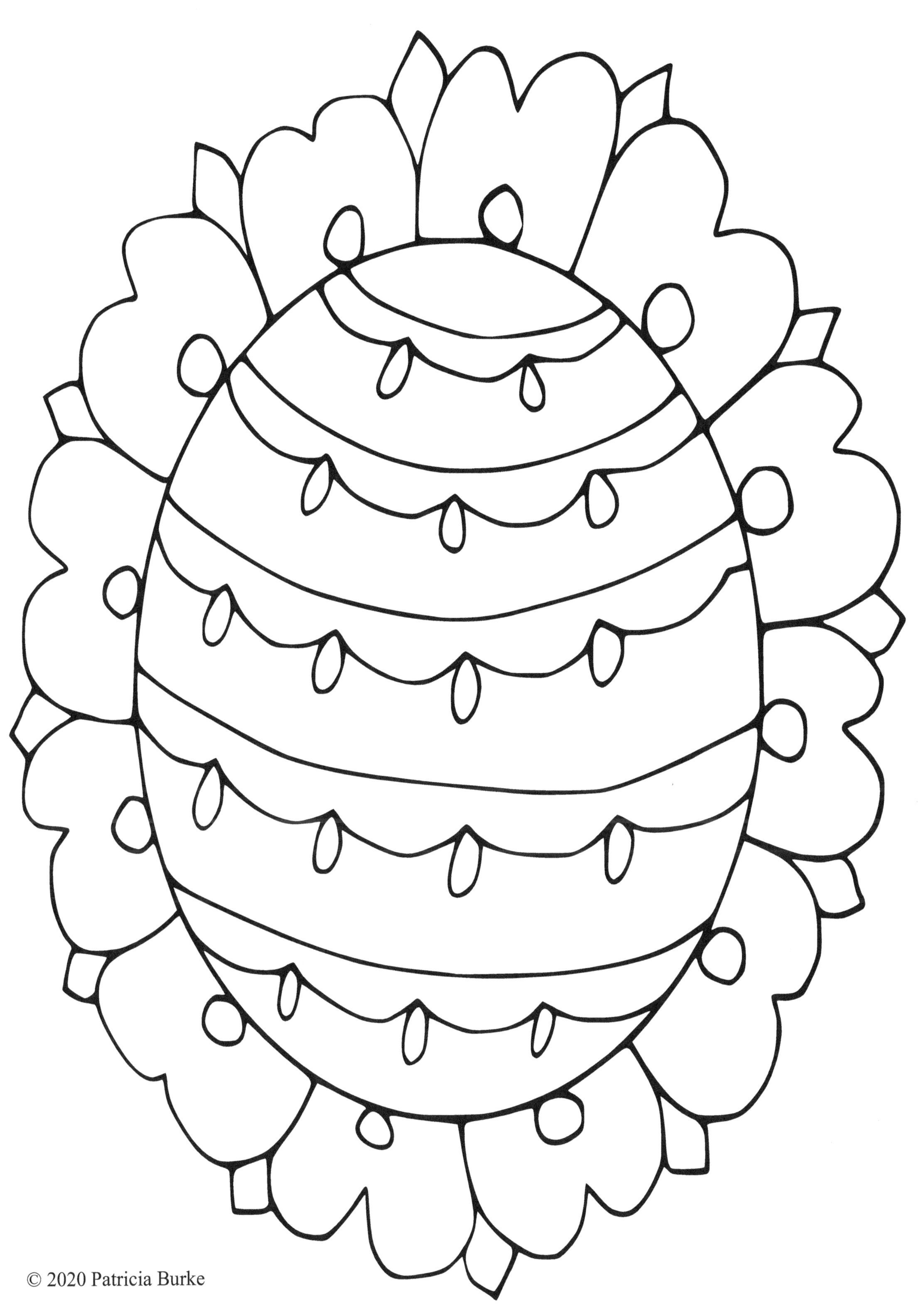

© 2020 Patricia Burke

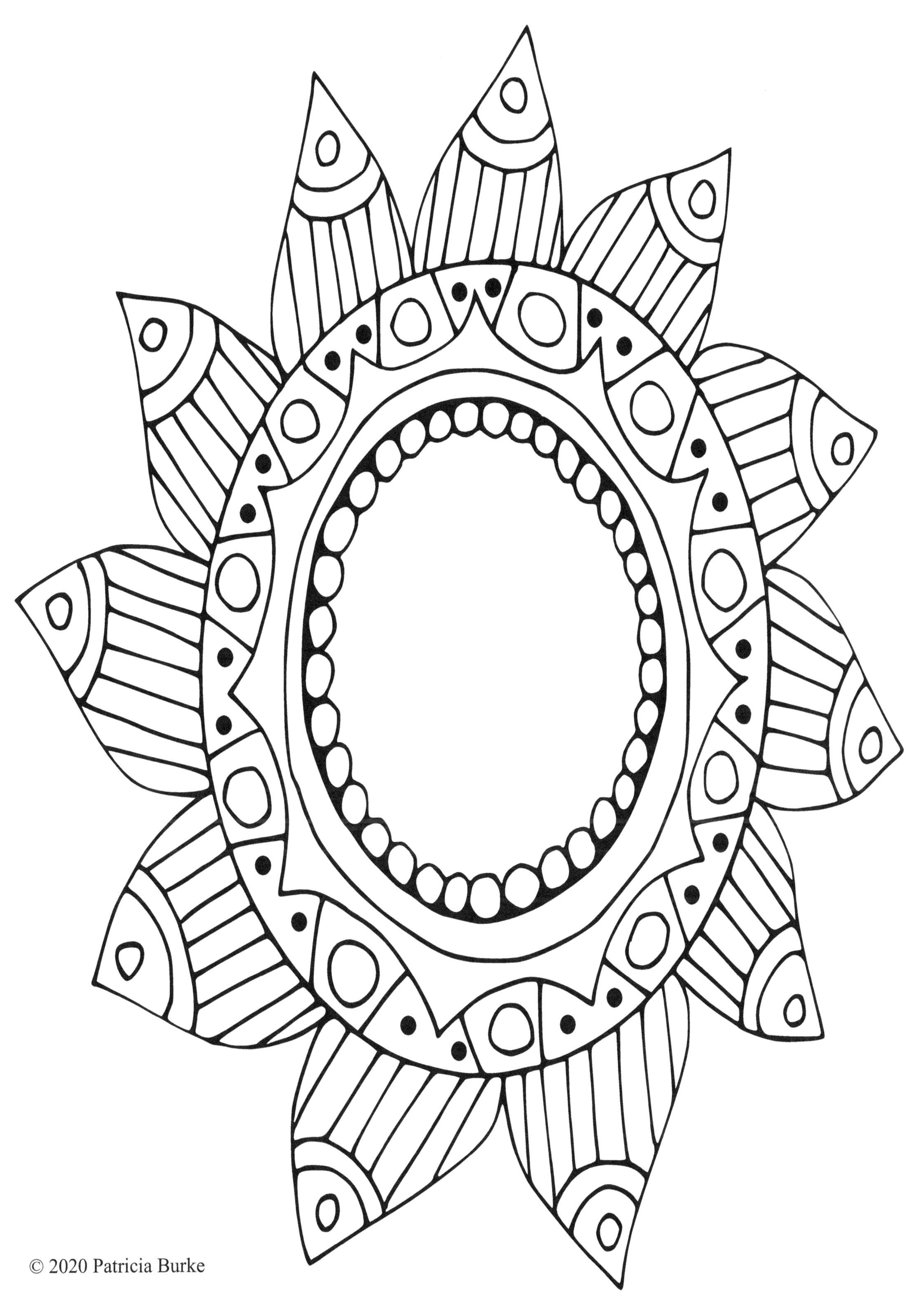

© 2020 Patricia Burke

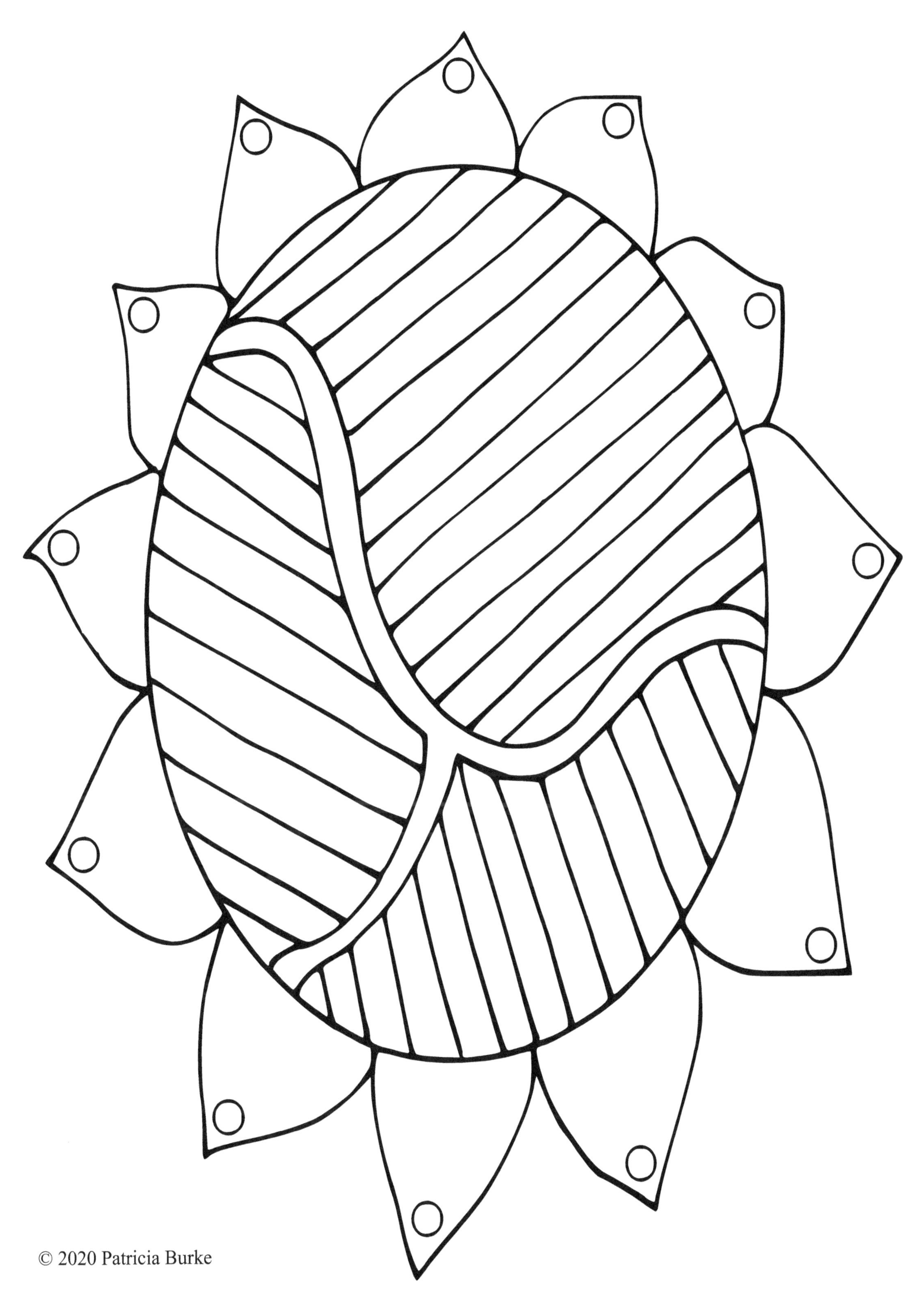

© 2020 Patricia Burke

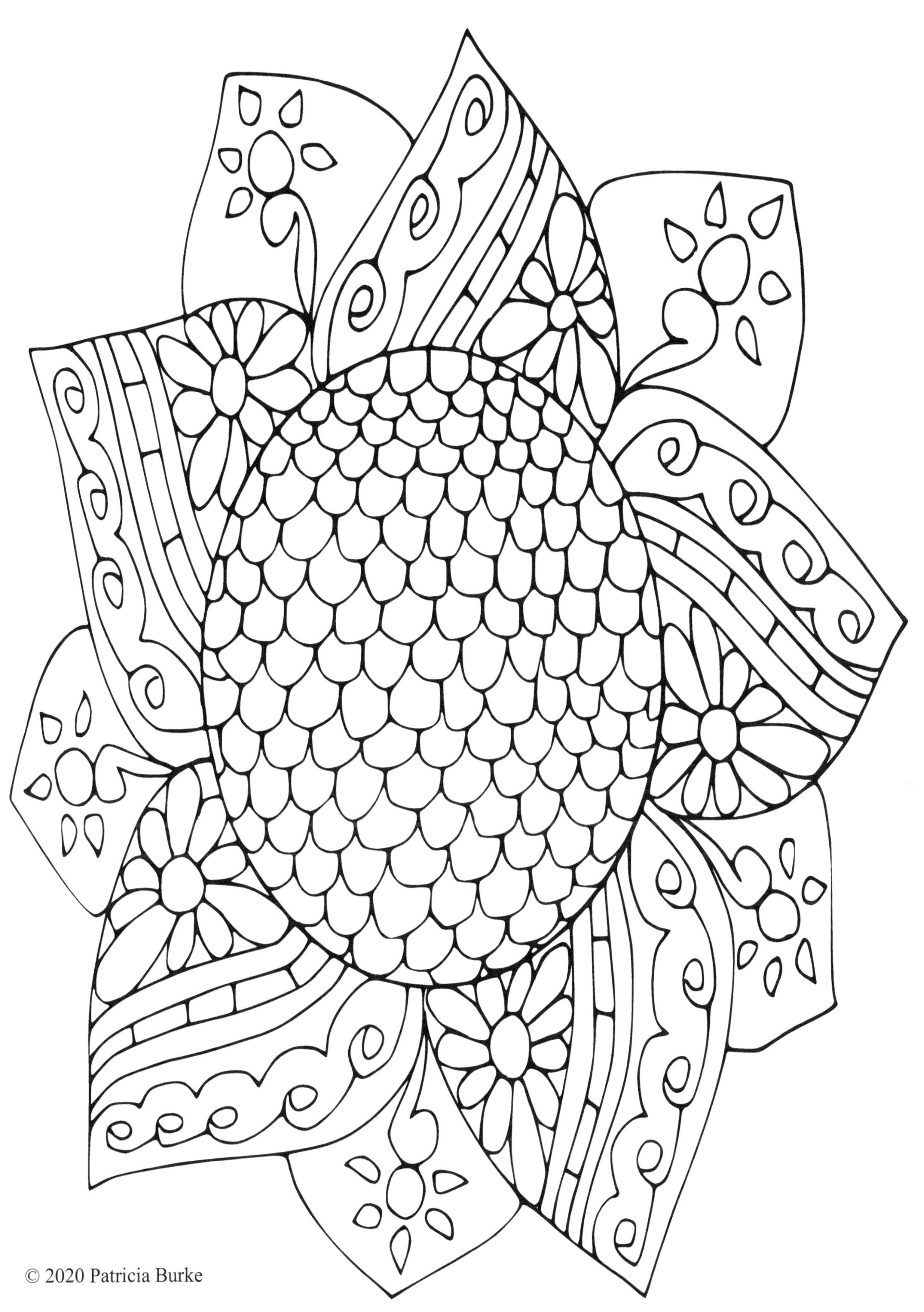

© 2020 Patricia Burke

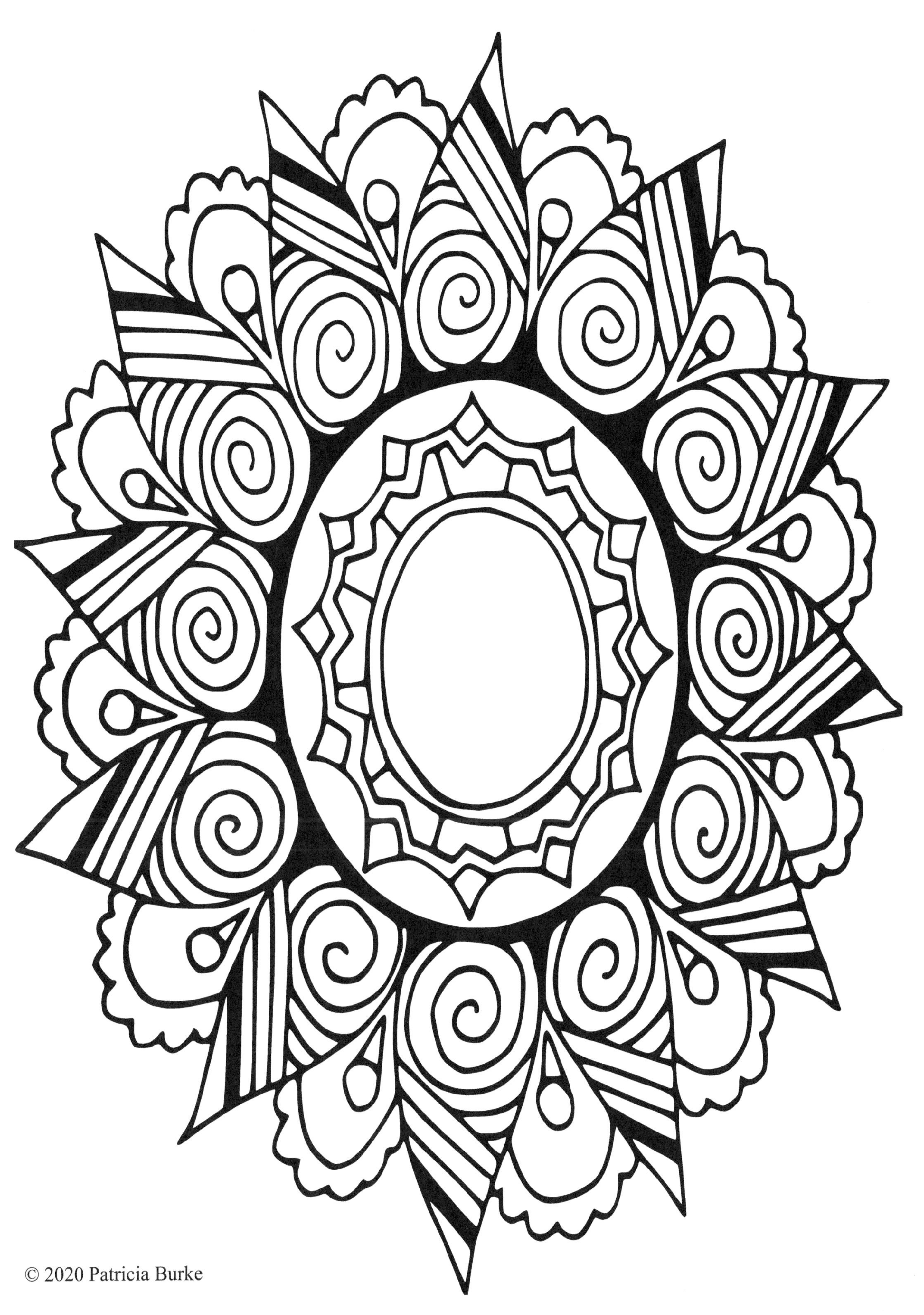

© 2020 Patricia Burke

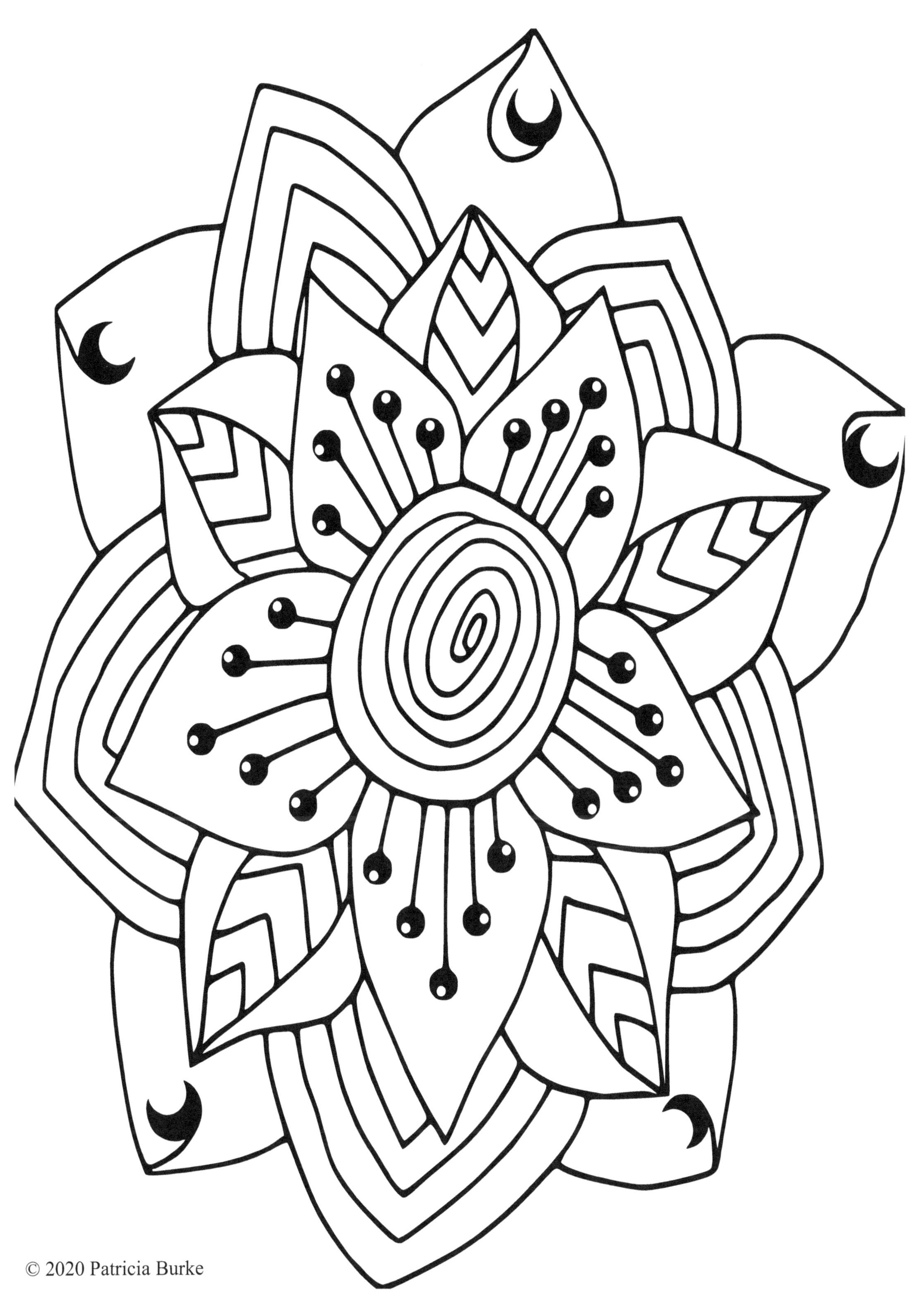

© 2020 Patricia Burke

BLOTTER PAGE

BLOTTER PAGE

BLOTTER PAGE

www.ingramcontent.com/pod-product-compliance
Lightning Source LLC
LaVergne TN
LVHW080924110826
845155LV00039B/203

* 9 7 8 1 9 5 1 5 7 6 0 8 0 *